# 傅山全書

## 第十二册

清・傅山 著
尹協理 主編

國家古籍整理出版專項經費資助項目

山西出版傳媒集團
山西人民出版社

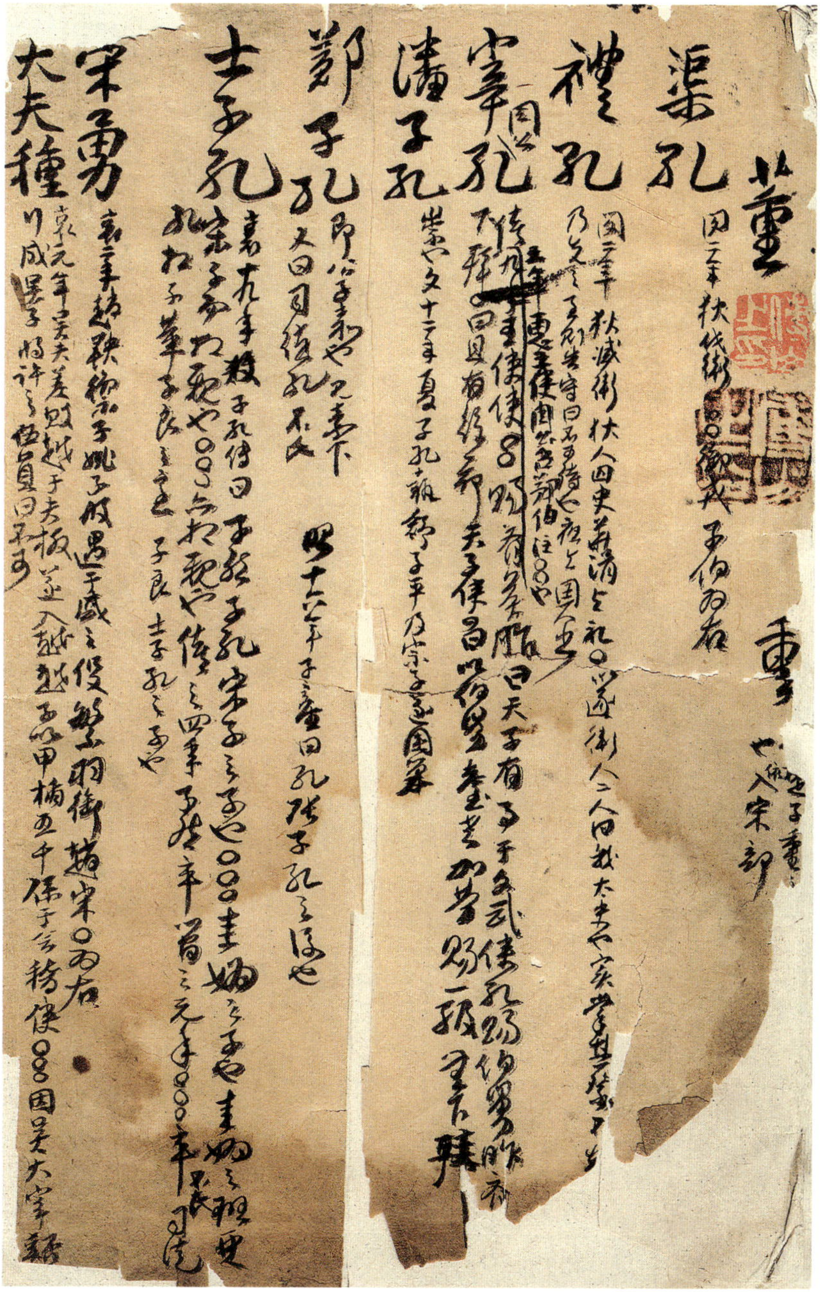

傅山春秋人名韻手稿
（山西博物院藏）

齊桓晉文不合是乎 昭十四年邢侯殺叔魚雍子于朝宣子問其罪于叔向 昭十
六年宣子有環其一在鄭商宣子謁諸鄭伯子產弗與之韓子買諸賈人既成賈矣
商曰必告君大夫韓子請諸子產曰日起請夫環執政弗義弗敢復也今買諸商人商人曰必以聞敢
以為請子產辭韓子辭玉曰起不敏敢求玉以徼二罪敢辭之夏鄭六卿餞宣子于
郊宣子請皆賦起亦以知鄭志子齹賦野有蔓草宣子曰孺子善哉吾有望矣子產賦鄭之羔裘
宣子曰起不堪也子大叔賦褰裳宣子曰起在此敢勤子至於他人乎子大叔拜宣子曰
善哉子之言是不有是其能終乎子游賦風雨子旗賦有女同車子柳賦蘀兮
宣子喜曰鄭其庶乎二三君子以君命貺起賦不出鄭志 云云 宣子皆獻馬焉而賦我將
子產拜使五卿皆拜宣子私覲於子產以玉與馬曰子命起舍夫玉是賜我
吾不免於死敢不藉手以拜 昭廿二年韓宣子使鄭人歸其衣以於鄭士伯
孫年[illegible] 宣子曰子產弗以國而以為私仇 弗犯之云云乃弗與使
為長一歲者何非其物而趣諸宣子 昭廿四年王子朝之師攻瑕及杏子大叔如鄭伯如晉范獻
諸王室之亂也云云獻子懼而與宣子圖之乃徵會于諸侯期以明年 昭廿八年
秋拜宣子卒魏獻子為政
之鄭一篤大殺鄭士孫年視之不遂也曰
傳曰宣子卒凡五十三年 終大夫 掌權以執政鄭
昭七年子產 [illegible]
公孫輒子耳 公子良之子
[illegible]年鄭子國子耳侵蔡獲蔡公子燮 襄九年盟于戲
[illegible]年鄭子國子耳伐宋 [illegible] 鄭伯
室冬十月尉止等帥賊入殺子耳等
[illegible]

# 第十二册　目錄

# 卷一百五十九　春秋人名韻〔一〕（一）

## 平聲

### 二支〔二〕

1 厨武子魏　又曰呂錡，犨之子也。

錡〔三〕　宣十二年。邲之戰，魏錡求公族，未得而怒，欲敗晉師。請致師，弗許。請使，許之。遂往，請戰而還。楚潘黨逐之，及熒澤，見六麋，射一麋以顧獻曰：「子有軍事，獸人無乃不給於鮮，敢獻於從者。」叔黨命去之。熊負羈囚知罃（知武子）。知莊子（荀首）以其族反之，厨武子御，下軍之士多從之。每射，抽矢菆，納諸武子之房。厨子怒曰：「非子之求而蒲之愛，董澤之蒲，可勝既乎？」成十六年。鄢陵之戰，呂錡夢射月，中之，退入於泥。占之，曰：「姬姓，日也。異姓，月也。必楚王也。射而中之，退入於泥，亦必死矣。」及戰，射共王中目。王召養由基，與之兩矢，使射呂錡，中項，伏弢。以一矢復命。

---

〔一〕此篇據山西省博物院藏手稿（殘本）整理，由李勇、孫蔭亭釋文。李勇重校。

〔二〕「平聲」與「二支」四字，手稿佚，爲編者據名韻所加。

〔三〕自「厨武子」至「上聲」「一董」之前，重校時手稿已殘缺，未校。以下相同校注，不再出「重校時」三字。

2 郤　錡　郤克之子也。郤犨之傲。郤至之驟稱其伐。郤錡之不敬。

成公十三年。春，晉侯使郤錡來乞師，將事不敬。孟獻子曰：「郤氏其亡乎！禮，身之幹也。敬，身之基也。郤子無基。且先君之嗣卿也，受命以求師，將社稷是衛，而惰，棄君命也。不亡何爲？」成十六年，鄢陵之戰，郤錡將上軍，代士燮，荀偃佐之。

成十七年。十二月，晉殺其大夫郤錡、郤犨、郤至。傳：郤錡奪夷陽五田，五亦嬖於厲公。厲公將作難，胥童曰：「必先三郤，族大多怨。」公曰：「然。」郤氏聞之，錡欲攻公，曰：「雖死，君必危。」郤至曰：「待命而已」云云。壬午，胥童、夷陽五師甲八百，將攻郤氏。長魚矯請無用衆，公使清沸魋助之，〔二〕抽戈結衽，而僞訟者。三郤將謀於榭。矯以戈殺駒伯錡、苦成叔犨於其位。温季至，曰：「逃威也！」遂趨。矯及諸其車，以戈殺之，皆尸諸朝。

3 汪　錡　哀十一年。戰於郊，公爲與其嬖僮汪錡乘，皆死，皆殯。孔子曰：「能執干戈以衛社稷，可無殤也。」

昭公廿三年。周景王有心疾，崩於榮錡氏。注：河南鞏縣有榮錡澗。

三錡，傳音魚綺反，正韻平、上兩聲俱收之。

〔二〕「沸」，手稿爲「弗」，據十三經注疏改。

# 十九尤〔一〕

4 司馬叔游　昭廿八年。晉祁勝與鄔臧通室，祁盈欲執之，訪於司馬叔游。叔游曰：「鄭書有之，
『惡直醜正，實蕃有徒』。無道立矣，子懼不免。」

5 司馬彌牟　昭廿八年。魏獻子爲政，以司馬彌牟爲鄔大夫。

6 少皞叔修　昭廿九年。蔡墨曰：「少皞氏有四叔，修及熙爲玄冥。」

7 蔡昭侯　定三年。蔡昭侯爲兩佩與兩裘以如楚，獻一裘一佩於昭王。昭王服之，以享蔡侯。蔡
侯亦服其一。子常欲之，弗與。三年止之。蔡人固請而獻佩於子常。蔡侯歸，及漢，
執玉而沈，曰：「余所有濟漢而南者，有若大川。」

8 梁丘子猶　昭廿年。梁丘據與裔款言於公曰：「吾事鬼神豐，於先君有加矣。今君疾病，爲諸侯
憂，是祝史之罪也。君盍誅於祝固、史嚚以辭賓？」公說。齊侯至自田，晏子侍於遄
臺。子猶馳而造焉。公曰：「唯據與我和夫。」晏子曰：「據亦同也，〔二〕焉得爲和？」
昭廿六年。夏，齊侯將納公，命無受魯貨。申豐從女賈，以幣錦二兩，縛一如瑱，適
齊師。謂子猶之人高齮：「能貨子猶，爲高氏後。」齮以錦示子猶，子猶欲之。受之，
言於齊侯曰：「羣臣不盡力於魯君者，非不能事君也。然據有異焉。宋元公爲魯君如
晉，卒於曲棘。叔孫昭子求納其君，無疾而死。不知天之棄魯耶，抑魯君有罪於鬼神，

---

〔一〕此前手稿佚，「十九尤」三字爲編者據名韻所加。

〔二〕「據」，手稿爲「遽」，據十三經注疏改。

故及此也？君若待於曲棘，使羣臣從魯君以卜焉。〔二〕若可，師有濟也。君而繼之，茲無敵矣。若其無成，君無辱焉。」齊侯從之。

定十年，夾谷之會，齊侯將享公，孔子謂梁丘據曰：「齊、魯之故，吾子何不聞焉？事既成矣，而又享之，是勤執事也」云云。乃不果享。

9 干犨　昭廿一年。華氏赭丘之戰，干犨御呂封人華豹，張匄爲右。干犨請一矢，子城曰：「余言汝於君。」對曰：「不死伍乘，軍之大刑也。干刑而從子，君焉用之？子速諸。」射之，殪。

10 子稠王　昭廿二年。單子殺稠。注：八子皆靈、景之族，因戰而殺之。

11 泠州鳩　昭廿一年。春，天王將鑄無射。泠州鳩曰：「王其以心疾死乎？夫樂，天子之職也。夫音，樂之輿也。而鐘，音之器也。天子省風以作樂，器以鐘之，輿以行之，小者不窕，大者不槬，則和於物。物和則嘉成，故和聲入於耳而藏於心，心億則樂。窕則不咸，槬則不容，心是以感。感實生疾。今鐘槬矣，王心弗堪，其能久乎？」

12 士景伯彌牟　士文伯匄之子也。

昭十三年。公如晉。荀吳曰：「執其卿而朝其君，有不好焉，不如辭之。」乃使士景伯辭公於河。

十四年。士景伯如楚。

〔二〕「君」字，手稿脱，據十三經注疏改。

昭廿三年。韓宣子使邾人聚其衆，將以叔孫婼與之。士彌牟謂韓宣子曰：「子弗良圖，而以叔孫與其讎，叔孫必死之。魯亡叔孫，必亡邾。邾君亡國，將焉歸？子雖悔之，何及？所謂盟主，討違命也。若皆相執，焉用盟主？」乃弗與。使各居一館。士伯聽其辭而愬諸宣子，乃皆執之。士伯御叔孫，從者四人，過邾館以如吏。先歸邾子。士伯曰：「以芻蕘之難，從者之病，將館子於都。」

昭廿四年。士彌牟逆叔孫於箕。叔孫使梁其踁待於門內，曰：「余左顧而欬，乃殺之。右顧而笑，乃止。」叔孫見士伯，士伯曰：「寡君以爲盟主之故，是以久子。不腆敝邑之禮，將致諸從者，使彌牟逆吾子。」叔孫受禮而歸。三月庚戌，晉侯使士景伯涖問周故，士伯立於乾祭而問於介衆。晉人乃辭王子朝，不納其使。注：介，大也。

昭廿五年。黃父之會，樂大心不輸粟，晉士伯曰：「自踐土以來，〔二〕宋何役之不會，而何盟之不同？曰同恤王室，子焉得辟之」云云。〔三〕右師不敢對，受牒而退。士伯告簡子曰：「宋右師必亡。奉君命以使，而欲背盟以干盟主，無不祥大焉。」

昭卅年。六月，晉頃公卒。秋八月，葬。鄭游吉弔，且送葬。魏獻子使士景伯詰之曰：「悼公之喪，子西弔，子蟜送葬。今吾子無貳，何故？」

昭卅二年。十一月己丑，士彌牟營成周，計丈數，揣高卑，度厚薄，仞溝洫，物土方，議遠邇，量事期，計徒庸，慮材用，書餱糧，以令役於諸侯，屬役賦丈，書以授帥，

〔二〕「土」字，手稿脫，據十三經注疏補。
〔三〕「焉」字，手稿脫，據十三經注疏補。

而效諸劉子。

定元年。宋仲幾不受功，士彌牟曰：「晉之從政者新，子姑受功。歸，吾視諸故府。」仲幾曰：「縱子忘之，山川鬼神其忘諸乎？」士伯怒，謂韓簡子曰：「薛徵於人，宋徵於鬼，宋罪大矣。且已無辭而抑我以神，誣我也。啓寵納侮，其此之謂矣。必以仲幾爲僇。」乃執仲幾以歸。

# 上聲

## 一董

13 重　□楚子重，□□也。依入宋部。〔一〕

14 渠　孔　閔二年。狄伐衛。渠孔御戎。子伯爲右。

15 禮　孔　閔二年。狄滅衛。狄人囚史華龍滑與禮孔，以逐衛人。二人曰：「我，太史也，實掌其祭。不先，國不可得也。」〔二〕乃先之。至，則告守曰：「不可待也。」夜與國人出。

16 宰周公　孔　僖五年。惠王使周公召鄭伯。注：宰孔也。

〔一〕此條，傅山全書初版本脫，據手稿補。

〔二〕「國不可得也」五字，手稿殘缺。

九年。〔二〕王使宰孔賜齊侯胙，〔三〕曰：「天子有事於文、武，使孔賜伯舅胙。」齊侯將下拜。孔曰：「且有後命，天子使孔曰：『以伯舅耋老，加勞，賜一級，無下拜。』」

17 潘子孔　崇也。

文十二年。夏，子孔執舒子平及宗子，遂圍巢。

18 鄭子孔　即公子嘉也。見嘉下。又曰司徒孔不氏。

昭十六年。子產曰：「孔張，子孔之後也。」

19 士子孔　襄十九年。殺子孔。傳曰：子然、子孔，宋子之子也；士子孔，圭嬀之子也。圭嬀之班亞宋子，而相親也；士子孔亦相親也。僖之四年，子然卒。簡之元年，士子孔卒。司徒孔相子革、子良之室。子良，士子孔之子也。

20 宋勇　哀二年。趙鞅禦子姚、子般，遇於戚之役。繁羽御趙，宋勇爲右。

21 大夫種　哀元年。吳夫差敗越於夫椒，遂入越。越子以甲楯五千保於會稽，使大夫種因吳太宰嚭以行成。

吳子將許之。伍員曰不可。

---

〔二〕「九年」上，傅山全書初版本衍一「僖」字，據手稿刪。

〔三〕「王使」下，傅山全書初版本衍一「使」字，據十三經注疏刪。

## 二紙　三薺〔一〕

22 惠公仲子　隱元年。秋七月，天王使宰咺來歸惠公仲子之賵。傳：宋武公生仲子。生而有文在其手，曰「爲魯夫人」。故仲子歸於我。生桓公。

隱二年。十二月乙卯，夫人子氏薨。注：桓未爲君。仲子不應稱夫人。

隱五年，九月，考仲子之宮，初獻六羽。

23 元妃孟子　隱元年。惠公元妃孟子。

24 聲　子　隱元年。惠公元妃孟子卒。繼室以聲子，生隱公。

二年〔二〕。夏，君氏卒。聲子也。不赴於諸侯，不反哭於寢，不祔於姑。故不曰薨，不稱夫人。故不言葬，不書姓。爲公故，曰「君氏」。

25 子　氏　見仲子下。

26 君　氏　見聲子下。

27 武氏子　隱三年。平王崩，秋，武氏子來求賻。注：平王喪在殯，新王未得行其爵命，聽於冢宰。稱父族又不稱使也。魯不共奉王喪，致令有求。

28 尹　氏　隱五年。曲沃莊伯以鄭人、邢人伐翼，桓王使尹氏、武氏助之。

---

〔一〕「二、三」，手稿無，編者爲統一體例所加。

〔二〕「二年」，傅山全書初版本作「隱三年」，據手稿改。

29 武　氏　隱五年。曲沃莊伯以鄭人、邢人伐翼，桓王使尹氏、武氏助之。

30 陳鍼子　隱八年。鄭忽如陳逆婦嬀。辛亥，以嬀氏歸。甲寅，入於鄭。陳鍼子送女。先配而後祖。鍼子曰：「是不爲夫婦，誣其祖矣，何以能育？」

31 嬀　氏　見陳鍼子下。

32 許百里　隱十一年。鄭伯使許大夫百里奉許叔以居許東偏。

33 鄭尹氏　隱十一年。公之爲公子也，與鄭人戰於狐壤，止焉。鄭人囚諸尹氏。賂尹氏，而禱於其主鍾巫。注：鄭大夫也。

34 寪　氏　隱十一年。羽父使弒公於寪氏。注：寪氏，魯大夫也。

35 周內史　見達下。

36 晉穆姜氏　桓二年。初，晉穆侯夫人姜氏以條之役生太子，命之曰仇云云。又見仇師下。

37 仍叔之子　桓五年。夏，天王使仍叔之子來聘。□□弱也。〔一〕注：譏其童子出聘。

38 鬬伯比　子文之父也。桓六年。楚武王侵隨，鬬伯比言於楚子曰：「吾不得志於漢東也，我則使然」云云，「少師侈，請羸師以張之。」〔二〕熊律且比曰：〔三〕「季梁在，何益？」鬬伯比曰：「以爲

---

〔一〕「□□」殘缺二字，傅山全書初版本脱，據手稿補。

〔二〕「張之」二字，手稿已殘缺。

〔三〕「律」，傅山全書初版本誤作「率」，據手稿改。

後圖。」

桓八年。隨少師有寵。鬬伯比曰：「可矣。讎有釁，不可失也。」〔一〕秋，隨及楚平，楚子將不許。鬬伯比曰：「天去其疾矣，〔二〕隨未可克也。」乃盟而還。〔三〕春，屈瑕伐羅，鬬伯比送之。還，謂其御曰：「莫傲必敗。舉趾高，心不固矣。」□見楚子，曰：「必□□！」〔四〕

39 曹太子　桓九年。冬，曹桓公太子來朝。賓之以上卿，禮也。享曹太子。初獻，樂奏而歎。施父曰：「曹太子其有憂乎！非歎所也。」

40 熊率且比　見鬬伯比下。

41 子亹　桓十一年。祭仲曰：「君多内寵，三公子皆君也。」注有子亹。桓十七年。高渠彌弑昭公，而立公子亹。桓十八年。秋，齊侯師於首止，子亹會之，高渠彌相。七月戊戌，齊人殺子亹，而轘高渠彌。

42 雍氏　桓十一年。宋雍氏女於鄭莊公，曰雍姞，生厲公。雍氏宗有寵於宋莊公，故誘祭仲而執之。

---

〔一〕「不可」二字，手稿已殘缺。
〔二〕「天去其」三字，手稿已殘缺。
〔三〕「未可」以下八字，手稿已殘缺。
〔四〕自「春」以下，傅山全書初版本脱，據手稿補。

43 急子　桓十六年。初，衛宣公烝於夷姜，生急子，屬諸右公子。爲之娶於齊，而美，公取之。夷姜縊。宣姜與公子朔構急子。公使諸齊。使盜待諸莘，將殺之。壽子告之，使行。曰：「棄父之命，惡用子矣，有無父之國則可。」及行，飲以酒。壽子載其旌以先，盜殺之。急子至，曰：「我之求也，請殺我。」又殺之。

44 壽子　桓十六年。宣公爲急子娶於齊，而美，公取之。生壽及朔。餘見急子下。

45 秦子　莊九年。秋，公及齊師戰於乾時，我師敗績。公喪戎路，傳乘而歸。秦子、梁子以公旗辟於下道，是以皆止。注：二子，公御及戎右也。

46 梁子　莊九年。秋，公及齊師戰於乾時，我師敗績。公喪戎路，傳乘而歸。秦子、梁子以公旗辟於下道，是以皆止。注：二子，公御及戎右也。

47 石祁子　莊十二年。宋人請猛獲於衛。衛人欲勿與。石祁子曰：「不可。天下之惡一也，惡於宋而保於我，保之何補？得一夫而失一國，與惡而棄好，非謀也。」閔二年。衛與狄將戰，公與石祁子玦。使守，曰：「以此贊國，擇利而爲之。」

48 懿氏　莊廿二年。初，懿氏卜妻敬仲。其妻占之，曰：「吉。」

49 姜氏　莊廿一年。七月戊戌。夫人姜氏薨。見文姜下。

50 遂因氏　莊十七年。四氏饗齊戍，醉而殺之，齊人殲焉。注：四族，遂之强宗。齊滅遂，戍之，在十三年。

51 頒氏　莊十七年。四氏饗齊戍，醉而殺之，齊人殲焉。注：四族，遂之强宗。齊滅遂，戍之，在十三年。

52 工妻氏　莊十七年。四氏饗齊戍，醉而殺之，齊人殲焉。注：四族，遂之強宗。齊滅遂，戍之，在十三年。

53 須遂氏　莊十七年。四氏饗齊戍，醉而殺之，齊人殲焉。注：四族，遂之強宗。齊滅遂，戍之，在十三年。〔一〕

54 哀姜氏　莊廿四年。八月丁丑，夫人姜氏入。注：公羊傳以爲姜氏要公，〔二〕不與公俱入，以孟任故，丁丑入而明日乃朝廟。見哀姜下。

55 游氏二子　莊廿四年。晉士蔿又與羣公子謀，使殺游氏之二子。士蔿告晉侯曰：「可矣。不過二年，君必無患。」注：游氏亦桓莊之族。

56 重耳　莊廿八年。大戎狐姬生重耳。僖卅二年。重耳卒。補書。

57 譚子　莊十年。齊侯出之出也，〔三〕過譚，譚不禮焉。及其入也，諸侯皆賀，譚又不至。冬，齊師滅譚，譚無禮也。譚子奔莒，同盟故也。

58 卓子　莊廿八年。驪姬娣生卓子。僖九年。十月，里克殺奚齊。荀息將死之，人曰：「不如立卓子而輔之。」荀息立卓子以葬。十一月，里克殺公子卓於朝。

〔一〕此條，傅山全書初版本在「哀姜氏」後，據手稿調整。
〔二〕「姜氏」上，傅山全書初版本衍一「哀」字，據手稿删。
〔三〕「齊侯出」之「出」字，傅山全書初版本脱，據手稿補。

59 耿之不比　莊廿八年。楚子元伐鄭。耿之不比爲旆。

60 王孫喜　莊廿八年。子元伐鄭，王孫喜殿。

61 黨氏　莊卅二年。初，公築臺，臨黨氏，見孟任。注：黨氏，魯大夫也。十月己未，共仲使犖賊般於黨氏。

62 梁氏　莊卅二年。雩，講於梁氏。注：梁氏，魯大夫。

63 女公子　莊卅二年。雩，講於梁氏，女公子觀之。圉人犖自牆外與之戲。注：女公子，子般妹也。

64 卜齮　閔二年。初，公傅奪卜齮田，公不禁。八月辛丑，共仲使卜齮賊公於武闈。

65 齊子　閔二年。齊人使昭伯頑烝於宣姜，生齊子。注不解。

66 夫人氏　僖元年。七月戊辰，夫人姜氏薨於夷。十二月丁巳，夫人氏之喪至。見哀姜下。

67 弦子　僖五年。楚於菟滅弦，弦子奔黃。於是江、黃、道、柏方睦於齊，皆弦姻也。弦子恃之而不事楚，又不設備，故亡。

68 洩氏　僖七年。〔二〕鄭子華言於齊侯曰：「洩氏、孔氏、子人氏三族，實違君命」云云。注：三族，鄭大夫。〔三〕

---

〔二〕「七」，手稿爲「六」，據十三經注疏改。

〔三〕「族鄭」二字，手稿已殘缺。

69 孔　氏　僖七年。〔二〕鄭子華言於齊侯曰：「洩氏、孔氏、子人氏三族，實違君命」云云。注：三族，鄭大夫。〔三〕

70 子人氏　僖七年。〔三〕鄭子華言於齊侯曰：「洩氏、孔氏、子人氏三族，實違君命」云云。注：三族，鄭大夫。〔四〕

71 蘇　子温子　僖十年。狄滅温，蘇子無信也。蘇子叛王即狄，又不能於狄，狄人伐之，王不救，故滅。蘇子奔衛。文十年。秋，七月，及蘇子盟於女栗，頃王立故也。注：僖十年，蘇子奔衛，今復見。蓋王復之也。

72 夫人姜氏　僖十一年。夏，公及夫人姜氏會齊侯於陽穀。無傳。

73 百　里　僖十三年。晉乞糴於秦。秦伯謂百里：「與諸乎？」對曰：「天災流行，國家代有，救災、恤鄰，道也。行道，有福。」注：百里，秦大夫也。

74 展　氏　僖十五年。九月己卯晦，震夷伯之廟。傳曰：罪之也，於是展氏有隱慝焉。

75 宋華子　僖十七年。齊侯多内寵，宋華子生公子雍。

〔二〕「七」，手稿爲「六」，據十三經注疏改。
〔三〕「族鄭」二字，手稿已殘缺。
〔三〕「七」，手稿爲「六」，據十三經注疏改。
〔四〕「族鄭」二字，手稿已殘缺。

76 鄫子 僖十四年。鄫子來朝。詳鄫季姬下。〔一〕

十九年。六月己酉，邾人執鄫子，用之。傳：夏，宋公使邾文公用鄫子於次睢之社，欲以屬東夷。

77 英氏 僖十七年。齊人爲徐伐英氏，報婁林之役。注：英氏，楚與國。

78 須句子 僖廿一年。須句子來奔，因成風也。〔二〕

79 芈氏 僖廿二年。鄭文公夫人芈氏、姜氏勞楚子於柯澤，楚子使師縉示之俘馘。

80 姜氏 僖廿二年。鄭文公夫人芈氏、姜氏勞楚子於柯澤，楚子使師縉示之俘馘。

81 公子士 僖廿年。鄭公子士等入滑。

82 文芉 僖廿二年。楚子入享於鄭，饗畢，夜出，文芉送於軍。取鄭二姬以歸。此即勞楚子之芈氏。二姬，文芉女也。

83 嬴氏 僖廿四年。晉侯逆夫人嬴氏以歸。注：秦穆公女文嬴也。〔三〕

84 桃子 僖廿四年。王使頹叔、桃子出狄師伐鄭。王替隗氏。頹叔、桃子奉大叔以狄師攻王。秋，頹叔、桃子奉大叔以狄師伐周。

85 隗氏 僖廿四年。甘昭公通於隗氏，王替隗氏。大叔以隗氏居於溫。〔四〕

〔一〕「鄫子」條，傅山全書初版本在「英氏」條後，據手稿調整。

〔二〕「須句子」條，傅山全書初版本在「芈氏」條後，據手稿調整。

〔三〕「嬴氏」以下十二字，手稿已殘缺。

〔四〕「以隗氏居」四字，手稿已殘缺。

86 姜氏　僖廿三年。與子犯謀，醉而遣之。

87 皇武子　僖廿四年。宋成公如楚。還，入於鄭。鄭伯將享之，問禮於皇武子。對曰：「宋，先代之後也，於周爲客。天子有事，膰焉；有喪，拜焉。豐厚可也。」鄭伯從之，享宋公，有加，禮也。

僖卅三年。鄭穆公使視客館，則束載、厲兵、秣馬矣。使皇武子辭焉，曰：「吾子久淹於敝邑，唯是脯資，餼牽竭矣。爲吾子之將行也，鄭之有原圃，猶秦之有具圃也，吾子取其麋鹿，以閒敝邑，若何？」杞子奔齊。

88 頓子　僖廿五年。楚令尹子玉追秦師，弗及。遂圍陳，納頓子於頓。注：頓子迫於陳而出奔楚。

僖廿五年。衛人伐邢，二禮從國子巡，掖以赴外，殺之。注不釋國子何人。

89 國子　僖廿五年。楚令尹子玉追秦師，弗及。遂圍陳，納頓子於頓。注：頓子迫於陳而出奔楚。

僖廿五年。衛人伐邢，二禮從國子巡，掖以赴外，殺之。注不釋國子何人。

90 展喜　僖卅六年。〔二〕齊孝公伐我北鄙。公使展喜犒師。受命於展禽。齊侯未入竟，展喜從之。曰：「寡君聞君親舉玉趾，將辱於敝邑。」對曰：「小人恐矣，君子則否」云云。

91 欒貞子　即欒枝也。〔三〕

---

〔二〕「卅六」，傅山全書初版本作「廿六」，據手稿改。

〔三〕此條，傅山全書初版本在「夔子」條後，據手稿調整。

僖廿八年。城濮之戰，欒貞子曰：「漢陽諸姬，楚實盡之。」

92 夔子　僖廿六年。夔子不祀祝融與鬻熊。秋，得臣等滅夔以夔子歸。

93 尹氏　僖廿八年。王命尹氏及王子虎、内史叔興策晉侯爲侯伯。〔二〕
文十四年。匡王使尹氏與聃啓訟周公閲於晉。

94 鍼莊子　僖廿八年。衛侯與元咺訟，鍼莊子爲坐。衛侯不勝。刖鍼莊子。

95 秦杞子　僖卅年。秦伯使杞子等戍鄭。
僖卅二年。杞子自鄭使告於秦曰：「鄭人使我掌其北門之管，若潛師以來，國可得也。」杞子奔齊。詳皇武子下。

96 孟明視　僖卅二年。見孟明下。

97 國莊子　國歸父也。見「父」下。

98 白狄子　僖卅三年。八月戊子，晉敗狄於箕。〔三〕郤缺獲白狄子。

99 孫昭子　文公元年。五月，晉師圍戚。六月戊戌，取之，獲孫昭子。注：昭子，衛大夫，食戚邑。

100 江羋　文元年。潘崇曰：「享江羋而勿敬也。」從之。江羋怒曰：「呼！役夫！宜君王之欲殺女而立職也。」

---

〔二〕「叔興」，傅山全書初版本作「叔興父」，據手稿改。

〔三〕「晉」，傅山全書初版本作「晉侯」，據手稿改。

101 戴己　文七年。穆伯娶於莒，曰戴己，生文伯，其娣聲己生惠叔。戴己卒，又聘於莒，莒人以聲己辭。
文十五年。敖喪歸，聲己不視，帷堂而哭。

102 聲己　文七年。穆伯娶於莒，曰戴己，生文伯，其娣聲己生惠叔。戴己卒，又聘於莒，莒人以聲己辭。
文十五年。敖喪歸，聲己不視，帷堂而哭。

103 梁益耳　文八年。夷之蒐，晉侯將登箕鄭父、先都，而使士縠、梁益耳將中軍。先克曰：「狐、趙之勳」云云。故箕鄭父、梁益耳等作亂。
九年。正月乙丑，晉人殺梁益耳等。

104 郲文公子　文七年。公伐郲。三月甲戌，取須句，寘文公子焉，非禮也。注：文公子叛在魯，公使爲守須句大夫。

105 欒耳　文九年。楚子師於狼淵，伐鄭，因欒耳等。注：鄭大夫也。

106 夫人姜氏　文九年。春，如齊。三月，至自齊。見出姜下。

107 高陽氏　文十八年。

108 少皞氏　文十八年。

109 帝鴻氏　文十八年。

110 顓頊氏　文十八年。〔二〕

---

〔二〕　以上四條列四人，手稿有四個「文十八年」，傅山全書初版本脫三個「文十八年」，據補。

111 范巫矞似　文十年。初，范巫矞似謂成王與子玉、子西曰：「三君皆將強死。」又見「巫」下。

112 麇子　文十年。厥貉之會，〔二〕麇子逃歸。十一年。春，楚子伐麇。成大心敗麇師於防渚。潘崇復伐麇，至於錫穴。

113 舒子　文十二年。子孔執舒子、宗子。注：宗國、羣舒之屬。

114 宗子　文十二年。子孔執舒子、宗子。注：宗國、羣舒之屬。

115 尹氏　文十四年。周公將與王孫蘇訟於晉。王叛王孫蘇，而使尹氏與聃啓訟周公於晉。周公見閱下。

116 聃啓　文十四年。周公將與王孫蘇訟於晉。王叛王孫蘇，而使尹氏與聃啓訟周公於晉。周公見閱下。

117 穆伯己氏　文七年。穆伯如莒涖盟，且爲仲逆。及鄢陵，登城見之，美，自爲娶之。文十四年。穆伯之從己氏也，魯人立文伯。穆伯生二子於莒，而求復。

118 郤成子　文十三年。郤缺也。見缺下。〔三〕

119 己氏二子　文十五年。二子來，孟獻子愛之，聞於國。或譖之，曰：「將殺子。」獻子以告季文子。二子曰：「夫子以愛我聞，我以將殺子聞，不亦遠於禮乎？遠禮不如死。」一人門於句鼆，一人門於戾丘，皆死。

120 公子士　僖廿年。鄭公子士等入滑。注：鄭公子士，文公子也。

---

〔二〕「貉」，手稿作「憖」，據十三經注疏改。

〔三〕此條，傅山全書初版本脱，據手稿補。

宣三年。鄭文公又娶於江，生公子士。朝於楚，楚人酖之，及葉而死。

121 宋武氏　文十八年。宋武氏之族道昭公子，將奉司城須以作亂。十二月，宋文公使戴、莊、桓之族攻武氏於司馬子伯之館。宣三年又見。

122 魯子視　文十八年。仲殺惡及視。注：視，惡母弟也。不書，賤之。

123 郚子　宣四年。初，若敖娶於郚，生伯比，若敖卒，從其母畜於郚，淫於郚子之女，生子文焉。郚夫人使棄諸夢中。虎乳之。郚子田，見之，懼而歸。夫人以告。

124 夫人嬴氏　宣八年。六月戊子，夫人嬴氏薨。敬嬴也。見前敬嬴下。

125 滕子　昭公也。文十二年。秋，滕昭公來朝，始朝公也。宣九年。八月，滕子卒。注：未同盟。

126 崔氏　宣十年。夏，齊崔氏出奔衛。傳：崔杼有寵於惠公，高、國畏其偪也，公卒而逐之，奔衛。書曰「崔氏」，非其罪也；且告以族，不以名。

127 王季子　宣十年。秋，天王使王季子來聘。卽劉康公也。

128 彘子　先穀也。見「穀」下。〔二〕

129 士貞子　見「濁」下。

130 晏桓子　嬰之父也，名弱。宣十四年。公孫歸父會齊侯於穀，見晏桓子，與之言魯樂。桓子告高宣子曰：「子家

〔二〕此條，傅山全書初版本在「士貞子」條後，據手稿調整。

其亡乎，懷於魯矣。懷必貪，貪必謀人。人亦謀己。〔一〕一國謀之，何以不亡？」

襄十二年。靈王求后於齊，齊侯問對於晏桓子。對曰：「先王之禮辭有之。天子求后於諸侯，諸侯對曰：『夫婦所生若而人，妾婦之子若而人。』無女而有姊妹及姑姊妹，則曰：『先守某公之遺女若而人。』」

十七年。晏桓子卒。〔二〕

131 高宣子　見「固」下。

132 王札子　宣十五年。王札子殺召伯、毛伯。注：王札子，〔三〕王子札也，經文倒札子爲子捷。〔四〕見「捷」下。

133 甲氏　宣十六年，士會帥師滅赤狄甲氏及留吁、鐸辰。

134 孫桓子　卽良夫也。見「夫」下。

135 鄫子　宣十八年。七月，邾人戕鄫子於鄫。傳：凡自內虐其君曰弑，自外曰戕。注：戕者卒暴之名。

136 徐吾氏　成元年。劉康公伐茅戎。三月癸未，〔五〕敗績於徐吾氏。注：茅戎之別也。

137 石成子　卽石稷也。

〔一〕「人亦謀己」上，傅山全書初版本有「謀人」二字，據手稿删。
〔二〕自「一國謀之」至此，手稿已殘缺。
〔三〕「注王札子」四字，手稿已殘缺。
〔四〕「倒札」「爲子」四字，手稿已殘缺。
〔五〕「三」，手稿爲「二」，據十三經注疏改。

138 蕭同叔子　成二年。衛侵齊，與齊師遇，石子欲還。詳「稷」下。

成二年。鞌之戰。晉人曰：「必以蕭同叔子爲質。」對曰：「蕭同叔子非他，寡君之母也。」注：同叔，蕭君之字，齊侯外祖父。子，女也。難斥言其母，故遠言之。

139 劉　子　成十一年。周公楚出，及陽樊。王使劉子復之，盟於鄄而入。卽康公也。

140 狐　氏　成十一年。王使劉子、單子對郤至曰：「襄王勞文公而賜之温，狐氏、陽氏先處之。」

141 陽　氏　成十一年。王使劉子、單子對郤至曰：「襄王勞文公而賜之温，狐氏、陽氏先處之。」

142 成　子　肅公也。見「公」下。

143 施　氏　成十一年。[一]

144 鄭公子喜　子罕也。

成十年。五月，晉會諸侯伐鄭。鄭子罕賂以襄鐘。

成十四年，公子罕帥師伐許。傳：八月，子罕伐許，敗焉。戊戌，鄭伯復伐許。庚子，入其郛。許人平以申叔之田。

成十五年。鄭子罕侵楚，取新石。

成十六年。夏，鄭公子喜帥師侵宋。傳：子罕伐宋，宋將鉏、樂懼敗諸汋陂。退，舍於夫渠，不儆，鄭人覆之，敗諸汋陵，獲將鉏、樂懼。宋恃勝也。

七月，[二]公會尹子及諸侯伐鄭。遷於潁上。戊午，子罕宵軍之，宋、齊、衛皆失軍。

---

[一]「施氏」條，傅山全書初版本脫，據手稿補。

[二]「七月」上，傅山全書初版本衍「成十六年」四字，據手稿删。

襄二年。鄭伯睔卒。於是子罕當國。襄七年。鄭僖公之爲太子也，於成之十六年與子罕適晉。不禮焉。

145 聲伯外弟　成十一年，聲伯以其外弟爲大夫，管于奚二子也。〔二〕

146 夫人婦姜氏　成姜也。成十四年。六月，叔孫僑如如齊逆女。注：成公逆夫人最爲得禮，而經無納幣，文闕。九月，僑如以夫人婦姜氏至自齊。舍族，尊夫人也。

147 衞夫人姜氏　定姜也。見成十四年。「姜」下。

148 敬　姒　衞定公妾也。成十四年。衞侯有疾，使孔成子、甯惠子立敬姒之子衎以爲太子。

149 郤氏二子　成十一年。見聲伯之母下。

150 孔　成　子　孔達之孫也。成十四年。衞侯有疾，使孔成子、甯惠子立敬姒之子。

151 甯　惠　子　殖也。見「殖」下。

152 華　　喜　成十五年。宋華喜爲司徒。注：喜，督之玄孫。正義曰：世本云，督生世子家，家生秀老，〔三〕老生司徒鄭，鄭生司徒喜也。蕩澤殺公子肥，華元使華喜、公孫師帥國人攻蕩氏。

---

〔二〕「聲伯外弟」條，傅山全書初版本在「夫人歸氏」後，現據手稿移至此。

〔三〕「秀老」，傅山全書初版本作「季老」，據手稿改。

153 姚句耳　成十八年。宋華喜、老佐圍彭城。成十六年。鄭人聞有晉師，使告於楚，姚句耳與往。姚句耳先歸。子駟問焉。對曰：「其行速，過險而不整。速則失志，不整，喪列。將何以戰？楚懼不可用也。」鄢陵之戰。

154 尹子　武公也。成十六年、十七年。見「公」下。

155 齊聲孟子　成十六年。齊聲孟子通僑如，使立於高、國之間。僑如曰：「不可以再罪。」注：齊靈公母，宋女。

十七年。齊慶克通於聲孟子，與婦人蒙衣乘輦而入於閎。鮑牽見之云云。孟子訴之曰：「高、鮑將不納君，而立公子角。」

156 單子　襄公也。成十七年。見「公」下。

157 周子　晉悼公也。

成十八年。荀罃、士魴逆周子於京師而立之。生十四年矣。

158 定姒　成公妾，襄公之母也。

襄四年。七月戊子，夫人姒氏薨。八月辛亥，葬我小君定姒。傳：定姒薨。不殯於廟，無櫬，不虞。

匠慶謂季文子曰：「子爲正卿，而小君之喪不成，不終君也。」

159 正輿子　襄二年。齊侯伐萊。萊人使正輿子賂夙沙衛。以索馬牛，皆百匹，齊師乃還。

襄六年。王湫及正輿子、棠人軍齊師，齊師大敗之。正輿子、王湫奔莒，莒人殺之。

160 萊　子　襄二年。齊侯使諸姜宗婦來送葬。召萊子。萊子不會，故晏弱城東陽以逼之。

161 吳　子　襄三年。晉侯使荀會逆吳子於淮上，吳子不至。注：道遠多難。

162 伯明氏　襄四年。〔一〕寒浞，伯明氏之讒子弟也。注：寒，國，北海平壽縣。伯明，其君名。

163 郯　子　襄七年。春，郯子來朝，始朝公也。

164 小邾子〔二〕　襄七年。四月，小邾穆公來朝，亦始朝公也。

165 公族穆子　韓厥長子，無忌也。見「忌」下。

166 韓宣子起　昭三年。初，州縣，欒豹之邑也。欒氏亡，范宣子、趙文子、韓宣子皆欲之。文子曰：「温，吾縣也。〔三〕二宣子曰：「自郤稱以別，三傳矣。晉之別縣不惟州，誰獲治之？」文子病之，乃舍之。二子曰：「吾不可以正議而自與也。」皆舍之。豐氏故主韓氏，伯石之獲州〔四〕，韓宣子爲之請之，爲其復取之之故。

襄七年。晉韓獻子請老。公族穆子有廢疾，將立之。辭曰：「無忌不才，請立起也。與田蘇游，而曰好仁。」庚戌，使宣子朝，遂老。

襄九年。子囊曰：「韓起少於欒黶，而欒黶、士魴上之，使佐上軍。」冬十月，諸侯伐鄭。曹人、邾人從荀偃、韓起門於師之梁。

襄十三年。晉侯蒐於綿上以治兵。使韓起將上軍，辭以趙武。又使欒黶將上軍，辭

〔一〕「四」，手稿爲「三」，據十三經注疏改。

〔二〕自「小邾子」至「公孫輒子耳」，傅山全書初版本錯置於「陳文子」後，今據手稿調整至此。

〔三〕「吾」，手稿作「五」，據十三經注疏改。

〔四〕「州」字下，傅山全書初版本衍一「也」字，據手稿刪。

曰：「臣不如韓起，韓起願上趙武，君其聽之。」使趙武將上軍，韓起佐之。

襄十八年。諸侯伐齊。趙武、韓起以上軍圍盧，弗克。

襄廿五年。會於夷儀之歲。其五月，秦、晉爲成，晉韓起如秦涖盟。成而不結。

襄廿六年。韓宣子聘於周，王使請事。對曰：「晉士起將歸時事於宰旅，無他事矣。」王聞之，曰：「韓氏其昌阜於晉乎！辭不失舊。」

襄廿七年。向戌弭兵。如晉，告趙孟。趙孟謀於諸大夫。韓起曰：〔二〕「兵，民之殘也，財用之蠹，小國之大菑也。將或弭之，雖曰不可，必將許之。弗許，楚將許之，以召諸侯，則我失爲盟主矣。」

襄廿九年。季札適晉，說韓宣子。

襄卅一年。穆叔至自晉，〔三〕語孟孝伯曰：「若趙孟死，爲政者其韓子乎！吾子盍與季孫言之，可以樹善，君子也。」及趙文子卒，晉公室卑，政在侈家。韓宣子爲政，不能圖諸侯。魯不堪晉求，讒慝弘多，是以有平丘之會。

昭二年。春，晉侯使韓宣子來聘，且告爲政，而來見，禮也。觀書於大史氏，見易象與魯春秋，曰：「周禮盡在魯矣，吾乃今知周公之德與周之所以王也。」公享之，季武子賦緜之卒章。韓子賦角弓。既享，宴於季氏。有嘉樹焉。宣子譽。武子賦甘棠。宣子曰：「起不堪也，無以及召

〔二〕「韓起」，傅山全書初版本作「韓宣子」，據手稿改。

〔三〕「晉」，傅山全書初版本誤作「會」，據手稿改。

公。」

昭三年。齊侯使晏嬰請繼室於晉。韓宣子使叔向對曰：「寡君之願也。」伯石之獲州也。韓宣子爲之請之，爲其復取之之故。

昭五年。韓宣子如楚送女，叔向爲介。楚子朝其大夫，曰：「若吾以韓起爲閽」云云。薳啓彊曰：「韓起之下，趙成等皆諸侯之選」云云。韓起反，鄭伯勞諸圉。辭不敢見，禮也。

昭六年。夏，晉侯享季孫宿，有加籩。武子退，使行人告曰：「下臣弗堪」云云。韓宣子曰：「寡君以爲驩也。」

昭六年。韓宣子之適楚也，楚人弗逆。

子產聘於晉。〔二〕晉侯有疾，韓宣子逆客，私焉，問黃熊。子產爲豐施歸州田於韓宣子，宣子受之，以告晉侯。晉侯以與宣子。宣子爲初言，病有之，以易原縣於樂態。

昭七年，罕朔奔晉，宣子使從嬖大夫。

昭九年。叔向謂宣子曰：「文之伯也，〔三〕豈能改物？翼戴天子，而加之以共」云云。宣子說。王有姻喪，使趙成如周弔，且致閻田與襚。

昭十一年。楚棄疾圍蔡。韓宣子問於叔向曰：「楚其克乎？」

昭十三年。子干歸，韓宣子問於叔向曰：「子干其濟乎！」對曰：「難。」韓宣子

〔二〕「子產」上，傅山全書初版本有「昭七年」三字，手稿實無。
〔三〕「也」，傅山全書初版本誤作「之」，據手稿改。

曰：「齊桓、晉文不亦是乎？」

昭十四年。邢侯殺叔魚、雍子於朝。宣子問其罪於叔向。

昭十六年。宣子有環，其一在鄭商。宣子謁諸鄭伯，子産弗與。韓子買諸賈人，既成賈矣，商曰：「必告君大夫。」韓子請諸子産曰：「日起請夫環，執政弗義，弗敢復也。今買諸商人，商人曰：『必以聞。』敢以爲請。」子産云云。韓子辭玉，曰：「起不敏，敢求玉以徼二罪？敢辭之。」夏，鄭六卿餞宣子於郊。子齹賦野有蔓草。宣子曰：「孺子善哉！吾有望矣。」子産賦鄭之羔裘。宣子曰：「起不堪也。」子大叔賦褰裳。宣子曰：「起在此，敢勤子至於他人？」子大叔拜。宣子曰：「善哉，子之言是！不有是事，其能終乎？」子游賦風雨。子旗賦有女同車。子柳賦蘀兮。宣子喜，曰：「鄭其庶乎！二三君子以君命貺起，賦不出鄭志」云云。宣子皆獻馬焉。而賦我將。子産拜，使五卿皆拜。宣子私覲於子産以玉與馬，曰：「子命起舍夫玉，是賜我玉而免吾死也，敢不藉手以拜！」〔一〕

昭廿三年。韓宣子使邾人聚其衆，將以叔孫與之。士伯彌牟謂韓宣子曰：「子弗良圖，而以叔孫與其讎，叔孫必死之」云云。乃弗與。使各居一館。士伯聽其辭，而愬諸宣子。

昭廿四年。王子朝之師攻瑕及杏。子大叔相鄭伯如晉，謂范獻子：「王室之不寧，晉子恥也」云云。獻子懼，而與宣子圖之。乃徵會於諸侯，期以明年。

〔一〕「敢」，手稿誤作「拜」，據十三經注疏改。「手」，傅山全書初版本誤作「乎」，據手稿改。

昭廿八年。秋，韓宣子卒，魏獻子爲政。

傅山曰：宣子歷凡五十三年。皆無大過。舉獨以叔孫鄐與邾一節大賴，虧士彌牟規之，不遂。非也。

## 167 公孫輒子耳

公子良之子。

襄八年。鄭子國、子耳侵蔡，獲蔡司馬公子燮。冬，子囊伐鄭。子駟、子國、子耳欲從楚。

襄九年。盟於戲，[一]公孫輒等六卿皆從鄭伯。

襄十年。六月，鄭子耳伐宋，師於訾毋。庚午，圍宋，門於桐門。秋七月，楚子囊、鄭子耳侵我西鄙。還，圍蕭。八月丙寅，克之。九月，子耳侵宋北鄙。於是子耳爲司空。冬十月，尉止等帥賊入，殺子耳等。

## 168 樂喜

子罕。

襄六年。華弱來奔。司城子罕曰：「同罪異罰，非刑也。」（以下殘缺）[二]

襄九年。宋災，樂喜爲司城。

襄十五年。鄭人納賂於宋，司城子罕以堵女父、尉翩、司齊與之，良司臣而逸之，[三]托諸季武子，武子寘諸卞。師慧過宋朝，將私焉。其相曰：「朝也。」慧曰：「無人

[一]「戲」，傅山全書初版本誤作「我」，據手稿改。

[二]「襄六年」條，傅山全書初版本脫，據手稿補。

[三]「而逸之」三字，手稿已殘缺。

焉」云云。子罕聞之，固請而歸之。宋人或得玉，獻諸子罕。弗受。獻者曰：「以示玉人，玉人以爲寶也，故敢獻之。」子罕曰：「我以不貪爲寶，子以玉爲寶。若以與我，皆喪寶也，不若人有其寶。」稽首而告曰：「小人懷璧，不可以越鄉，納此以請死也。」子罕寘諸其里，使玉人爲之攻之，富而後使復其所。

襄十七年。宋皇國父爲太宰，爲平公築臺。子罕請俟農功之畢，公弗許。築者謳曰：「邑中之黔，實慰我心」云云。子罕聞之，親執樸，以行築者，而抶其不勉者。」

襄廿七年。宋左師請免死之邑。公與之邑六十。以示子罕，子罕曰：「凡諸侯小國，晉、楚所以兵威之。畏而後上下慈和，慈和而後能安靖國家，以事大國，所以存也。無威則驕，驕則亂生，所以亡也。天生五材，民並用之，廢一不可，誰能去兵」云云。削而投之。左師辭邑。向氏欲攻司城。左師曰：「我將亡，夫子存我，德莫大焉。又可攻乎？」君子曰：「『彼己之子，邦之司直』，樂喜之謂乎？」

廿九年。鄭子皮以子展之命餼國人粟，戶一鍾。宋司城子罕聞之，曰：「鄰於善，民之望也。」宋亦饑，請於平公，出公粟以貸，使大夫皆貸。司城氏貸而不書，爲大夫之無者貸。宋無饑人。叔向聞之，曰：「鄭之罕，宋之樂，其後亡者也，二者其皆得國乎！民之歸也。施而不德，樂氏加焉，其以宋升降乎！」

169 伯氏

襄九年。宋災，樂喜使伯氏司里。火所未至，徹小屋，塗大屋，陳畚挶，具綆缶，備水器；量輕重，蓄水潦，積土塗；巡丈城，繕守備，表火道。注：伯氏，鄭大夫。

170 偪陽子

襄十年。晉侯有間，以偪陽子歸，獻於武宮，謂之夷俘。偪陽，妘姓也。使周内史選其族嗣，納諸霍人，禮也。

171 皇耳 襄十年。衛侯救宋，師於襄牛。子展曰：「必伐衛」云云。故皇耳帥師侵衛，楚令也。衛人追之，孫蒯獲皇耳於犬丘。

172 尉止 襄十年。初，子駟與尉止有爭，將禦諸侯之師，而黜其車。尉止獲，又與之爭。子駟抑尉止曰：「爾車非禮也。」遂弗使獻。冬，十月戊辰，尉止等帥賊以入，晨攻執政於西宮之朝，殺子駟、國、耳，劫鄭伯以如北宮。子董等殺尉止。

173 司氏 襄十年。見「臣」下。

174 堵氏 襄十年。見「父」下。

175 侯氏 襄十年。見「晉」下。

176 子師氏 襄十年。見「僕」下。

177 陰里 襄十二年。靈王求后於齊，齊侯許昏，使陰里結之。注：陰里，周大夫。

178 子叔齊子 即叔老也。

襄十四。聲伯之子會吳於向。〔二〕子叔齊子爲季武子介以會，自是晉人輕魯幣而益敬其使。

襄十六年。叔老會鄭伯、晉荀偃等。

襄廿年。叔老如齊。使齊子初聘於齊，禮也。

179 左史 襄十四年。遷延之役。荀偃令曰：「鷄鳴而駕」云云。欒黶曰：「余馬首欲東。」乃歸。下軍從之。左史謂魏莊子曰：「不待中行伯乎？」注：左史，晉大夫。

---

〔二〕「聲伯之子」，傅山全書初版本誤作「季孫宿、叔老」，據手稿改。

180 邾子宣公 襄十六年。晉以我故，執邾宣公、莒犂比公，且曰「通齊、楚之使」。

181 莒子犂比公 襄十六年。晉以我故，執邾宣公、莒犂比公，且曰「通齊、楚之使」。

182 華皋比 襄十七年。宋華閱卒，華臣弱皋比之室，使賊殺其宰華吳。

183 析文子 襄十八年。齊析歸父也。見子家下。

184 追喜 襄十八年。范鞅門於雍門，其御追喜以戈殺犬於門中。

185 齊仲子[二] 襄十九年。齊侯諸子仲子、戎子。戎子嬖。仲子生牙，屬諸戎子。戎子請以爲太子，許之。仲子曰：「不可。廢常，不祥。間諸侯，難。光之立也，聞於諸侯矣。今無故而廢之，是專黜，而以難犯不祥也，君必悔之。」公曰：「在我而已。」遂東太子光。

186 戎子 襄十九年。齊侯諸子仲子、戎子。戎子嬖。仲子生牙，屬諸戎子。戎子請以爲太子，許之。仲子曰：「不可。廢常，不祥。間諸侯，難。光之立也，聞於諸侯矣。今無故而廢之，是專黜，而以難犯不祥也，君必悔之。」公曰：「在我而已。」遂東太子光。

187 鄭宋子 襄十九年。子然、子孔，宋子之子也。圭嬀之班亞宋子，而相親也。

188 孔成子 襄十九年。卽烝鉏也。[三]

189 公子履 襄廿年。蔡公子履出奔楚。傳：蔡公子燮欲以蔡之晉，蔡人殺之。公子履，其母弟也。故奔楚。

---

[二]「齊」，傅山全書初版本脫，據手稿補。

[三]「也」，傅山全書初版本脫，據手稿補。

190 甯悼子喜〔一〕

襄廿年。甯惠子疾，召悼子曰：「吾得罪於君，悔而無及也。名藏在諸侯之策。君入，則掩之。若能掩之，〔二〕則吾子也。若不能，猶有鬼神，吾有餒而已，不來食矣。」悼子許諾，惠子遂卒。

襄廿五年。〔三〕衛獻公自夷儀使與甯喜言，甯喜許之。大叔文子聞之，曰：「烏呼！詩所謂『我躬不說，皇恤我後』者，甯子可謂不恤其後矣。」

襄廿六年。二月辛卯，衛甯喜弒其君剽。〔四〕八日，〔五〕晉人執衛甯喜。傳：初，獻公使與甯喜言，甯喜曰：「必子鮮在。不然，必敗。」子鮮以公命與甯喜言。甯喜告蘧伯玉云云。告右宰穀云云。悼子曰：「吾受命於□□，□□□貳。」右宰云云。〔六〕悼子曰：「子鮮在」云云。二月庚寅，甯喜、右宰穀伐孫氏，不克。甯子出舍於郊，國人召甯子，甯子復攻孫氏，克之。辛卯，〔七〕殺子叔及太子角。書曰云云，言罪之在甯氏也。六月，晉人執甯喜、北宮遺，使女齊以先歸。

襄廿七年。甯喜專，公患之。公孫免餘請殺之。公曰：「微甯子不及此。」對曰：

---

〔一〕「甯悼子喜」，傅山全書初版本作「甯喜悼子」，據手稿改。
〔二〕「掩」字，手稿已殘缺。
〔三〕「五」，手稿作「六」，據十三經注疏改。
〔四〕「剽」，傅山全書初版本脫，據手稿補。
〔五〕「八日」，傅山全書初版本脫，據手稿補。
〔六〕自「甯喜告蘧伯玉」至此，傅山全書初版本作「中闕」，據手稿補。
〔七〕「之辛卯」三字，手稿已殘缺。

「臣殺之，君勿與知。」乃與公孫無地、公孫臣謀，使攻甯氏，弗克，皆死。夏，免餘復攻甯氏，殺甯喜、右宰穀，〔一〕尸諸朝。

前云執喜使女齊以先歸，而不再見歸喜之文。後云喜專，何也？

191 知起　襄廿年。知起等奔齊。欒氏之黨也。注：晉大夫。

192 中行喜　襄廿年。中行喜奔齊。欒氏之黨也。注：晉大夫。

193 觀起　襄廿二年。楚觀起有寵於令尹子南，未益祿而有馬數十乘。楚人患之，王將討焉。王殺子南於朝。轘觀起於四竟。

昭十三年，觀起之死也，其子從在蔡，事朝吴。

194 公子齮　襄廿二年。楚子殺令尹子南，使薳子馮爲令尹，公子齮爲司馬。

195 欒孺子　襄廿三年。胥午曰：「今也得欒孺子何如？」

即盈也。

196 掌惡外史　襄廿三年。將盟臧氏，召外史掌惡臣而問盟首焉。對曰：「盟東門氏也，曰『毋或如東門遂不聽公命，殺適立庶』。盟叔孫氏也，曰『毋或如僑如欲廢國常，蕩覆公室』。」

197 舒鳩子　襄廿四年。舒鳩人叛楚。使沈尹壽與師祁犁讓之。舒鳩子敬逆二子而告之故，且請受盟。

198 南史氏　襄廿五年。齊太史書曰：「崔杼弑其君。」崔子殺之。其弟嗣書，而死者二人。其弟又書，乃舍之。南史氏聞太史盡死，執簡以往，聞既書矣，乃還。

---

〔一〕「右宰」上，傅山全書初版本衍一「及」字，據手稿删。

199 齊太史　襄廿五年。書「崔杼弑其君」殺之。

200 太史弟　襄廿五年。太史弟嗣書，而死者二人，其弟又書，乃舍之。

201 陳司馬桓子　襄廿五年。子產等入陳，陳侯溺扶其太子偃師奔墓，遇司馬桓子，曰：「載余！」曰：「將巡城。」陳侯使司馬桓子賂子展等以宗器。

202 鄭子美　又賄韻。卽子產也。〔一〕

203 士弱氏　襄廿六年。衞侯如晉，晉人執而囚之於士弱氏。注：士弱，晉主獄大夫也。

204 高辛氏

205 縉雲氏

206 金天氏

207 聲　子　襄廿六年。伍舉奔鄭，聲子將如晉，遇之於鄭郊。班荆相與食，而言復故。聲子曰：「子行矣，吾必復子。」前見歸生下。

208 雍　子　襄廿六年。聲子曰：「雍子之父兄譖雍子，雍子奔晉，晉人與之鄐，以爲謀主。彭城之役，晉、楚遇於靡角之谷。晉將遁矣，雍子發命於軍曰：『歸老幼，反孤疾，二人役，歸一人。』」云云。

209 衞敬姒　襄廿六年。衞侯使公子鮮爲復，辭。敬姒强命之。對曰：「君無信，臣懼不免。」敬姒曰：「雖然，以吾故也。」許諾。

210 齊子尾公孫蠆　襄廿八年。公膳日雙鷄，饔人竊更之以鶩。御者知之，則去其肉，而以其洎饋。子

〔一〕「鄭子美」條，傅山全書初版本脫，據手稿補。

雅、子尾怒。

慶封告盧蒲嫳。盧蒲嫳曰：「譬之如禽獸，吾寢處之矣。」十一月乙亥，掌太公之廟，慶舍涖事，子尾抽桷，擊扉三，盧蒲癸自後刺之。與晏子邶殿其鄙六十，弗受。子尾曰：「富，人之所欲也，何獨弗欲？」與子尾邑，受而稍致之。公以爲忠。

襄廿九年。九月，公孫蠆等放高止於北燕。

襄卅年。十月，公孫蠆等會於澶淵。既而無歸於宋，故不書其人。書曰：「某某會澶淵，宋災故。」尤之也。

襄卅一年。齊子尾害閭丘嬰，欲殺之，使帥師以伐陽州。我問師故。夏五月，子尾殺閭丘嬰，以說於我師。

昭二年。韓宣子如齊納幣。見子尾。子尾見彊。宣子謂之如子旗。

昭三年。公孫蠆爲少姜之有寵也。以其子更公女，而嫁公子。人謂宣子：「子尾欺晉，晉胡受之？」

宣子曰：「我欲得齊，而遠其寵，寵將來乎？」八月，齊侯田於莒。盧蒲嫳見，泣，且請公告二子。子尾欲復之，子雅不可。

昭五年。鄭罕虎如齊，娶於子尾氏。

昭八年。七月甲戌，齊子尾卒。子旗欲治其室。」

昭子至自晉。〔二〕高彊見而退。昭子語諸大夫曰：「昔慶封亡，子尾多受邑，而稍致諸

---

〔二〕「昭子」上，傅山全書初版本有「昭十年」三字，據手稿删。

君，君以爲忠，而甚寵之。將死，疾於公官，輦而歸，君親推之。其子不能任，是以在此。」

211 陳文子

襄廿二年。秋，欒盈自楚適齊。晏平仲言，弗聽。陳文子曰：「君人執信，臣人執共。忠、信、篤、敬。上下同之，天之道也。君自棄也，弗能久矣。」

襄廿三年。齊侯自衛將遂伐晉。陳文子見崔杼曰：「將如君何？」武子曰：「吾言於君，弗聽。羣臣若急，君於何有？子姑止之。」文子退，告其人曰：「崔子將死乎！謂君甚而又過之，不得其死。過君以義，猶自抑也，況以惡乎？」

襄廿四年。齊侯既伐晉而懼，將欲見楚子。楚子使蔿啟疆如齊聘，[一]且請期。齊社，蒐軍實，使客觀之。陳文子曰：「齊將有寇。吾聞之，兵不戢，必取其族。」

襄廿五年。崔武子筮，遇困之大過。史皆曰：「吉。」示陳文子，文子曰：「夫從風，風隕妻，不可娶也。且其繇曰：『困於石。』云云。

襄廿七年。向戌弭兵，如齊，齊人難之。陳文子曰：「晉、楚許之，我焉得已？且人曰『弭兵』，而我弗許，則固攜吾民矣。」齊人許之。

襄廿八年。齊侯朝於晉，將行，慶封曰：「我不與盟，何爲於晉？」陳文子曰：「先事後賄，禮也。小事大，未獲事焉，從之如志，禮也。雖不與盟，敢叛晉乎？[二]重丘之盟，未可忘也。」陳文子謂桓子無宇曰：「禍將作矣，吾其何得？」對曰：「得慶

---

[一]「蔿啟疆」，傅山全書初版本作「薳啓彊」，據手稿改。但左傳應爲「薳啓彊」。

[二]「叛晉乎」三字，手稿已殘缺。

氏之木百車於莊。」文子曰：「可愼守也矣。」〔一〕冬十月，慶封田於萊，無宇從，文子使召之。十一月乙亥，嘗於太公之廟，欒、高、陳、鮑介慶氏之甲。殺封等，陳須無以公歸，必須得慶氏之物。

212 衛大叔文子　儀也。見「儀」下。

213 公叔文子　發也。見「發」下。

214 高　止　卽子容也。見襄廿九年。〔二〕高止等城杞。傳：高子容與宋司徒見智伯，女齊相禮。賓出，司馬侯言於智伯曰：「二子皆將不免。子容專，司徒侈，皆亡家之主也。」知伯曰：「何如？」對曰：「專則速及，侈將以其力斃，專則人實斃之，將及矣。」襄廿九年。九月，齊公孫蠆等放高止於北燕。乙未，出。書曰：「出奔。」罪高止也。高止好以事自爲功，且專，故難及之。

215 馮簡子　襄卅一年，衛襄公如楚，過鄭。馮簡子與子大叔逆客。事畢而出，言於衛侯曰：「鄭有禮，其數世之福也，其無大國之討乎？」云云。〔三〕子產之從政也，擇能而使之，馮簡子能斷大事。

〔一〕「矣」，傅山全書初版本誤作「已」，據手稿改。
〔二〕「見」，傅山全書初版本脫，據手稿補。
〔三〕「云云」二字，傅山全書初版本脫，據手稿補。

216 楚公子比　昭元年。楚公子比出奔晉，卽公子干也。詳前「干」下。〔一〕昭十三年。四月，公子比自晉歸於楚。韓宣子問叔向曰：「子干其濟乎！」對曰：「取國有五難：有寵而無人〔二〕，一也。有人而無主，二也。有主而無謀，三也。有謀而無民，四也。有民而無德，五也。子干在晉十三年矣，晉、楚之從，不聞達者，可謂無人。族盡親叛，可謂無主。無釁而動，可謂無謀。爲羈終世，〔三〕可謂無民。亡無愛徵，可謂無德」云云。

217 子叔子　卽叔弓也。見「弓」下。

218 賴子　昭四年。楚子以諸侯滅賴。賴子面縛銜璧，士袒，輿櫬從之，造於中軍。遷賴於鄢。〔四〕

219 華合比　昭六年。宋寺人柳有寵，太子佐惡之。華合比曰：「我殺之。」柳聞之，乃坎、用牲、埋書，而告公曰：「合比將納亡人之族」云云。公使視之，有焉，遂逐華合比。合比奔衞。〔五〕

220 國氏　昭四年。叔孫適齊，娶於國氏。

221 良止　昭六年，子產立公孫洩及良止以撫之。注：伯有之子也。

---

〔一〕「干」字，手稿已殘缺。
〔二〕「有寵而無」四字，手稿已殘缺
〔三〕「謀爲」二字，手稿已殘缺。
〔四〕「遷賴於鄢」四字，傅山全書初版本脫，據手稿補。
〔五〕「合比奔衞」，傅山全書初版本脫，據手稿補。

222 子皮氏　昭七年。

223 馬師氏　昭七年。

224 北宮喜貞子　昭十年。九月，北宮喜等如晉，葬平公也。

昭廿年。公孟惡北宮喜等，欲去之。北宮喜等作亂。齊氏之宰渠子召北宮子。北宮氏之宰不與聞，謀殺渠子，遂伐齊氏，滅之。衛侯賜北宮喜謚曰貞子，而以齊氏之墓予之。

昭廿五年。北宮喜等會於黃父。

昭廿七年。北官喜等會於扈。令戍周，且謀納公也。宋、衛皆利納公，固請之。范獻子取貨於季孫，〔一〕謂司城子梁與北宮貞子曰：「季孫未知其罪，而君伐之」云云。「二子皆圖國者也，而欲納魯君，鞅之願也，請從二子以圍魯。無成，死之。」二子懼，皆辭。

225 衛襄姜氏　昭七年。衛襄公夫人姜氏無子。

226 夫人歸氏　昭十一年。五月甲申，夫人歸氏薨。注：昭公母，胡女，歸姓。傳：五月，齊歸薨。大蒐於比蒲，非禮也。詳「歸」下。

227 薳氏　昭十一年。泉丘女奔，僖子使助薳氏之簉。反自祲祥，宿於薳氏，生懿子及南宮敬叔於泉丘人。注：簉，副倅也。薳氏之女爲僖子副妾。別居在外，故僖子納泉丘人女，令副助之。

〔一〕自「昭廿七年」至「范獻子取」，手稿已殘缺。

228 單子　即成公也。昭十一年。見「公」下。

229 老陽子　昭十二年。十月丁酉，甘公成、景之族，殺老陽子等。注：六子皆周大夫，皆甘悼公之黨。

230 潘子　昭十二年。楚子狩于州來，使潘子等帥師圍徐以懼吳。注：楚大夫也。

231 潘　楚有潘氏，定六年，吳獲潘子臣。自昭十二至定六年，廿七八年，不知是一人、二人？〔二〕

232 陵尹喜　昭十二年。楚子使陵尹喜等帥師圍徐以懼吳。注：楚大夫也。

233 劉子　昭十三年。即獻公也，名摯。又見「摯」下。

234 蔡聲子　即朝吳也。昭十三年。見「吳」下。

235 叔仲子　即小也。見昭十二年。「小」下。〔三〕

236 鮑文子　昭十四年。司徒老祁等來歸費，齊侯使鮑文子致之。

237 雍子　昭十四年。晉邢侯與雍子爭鄐田。罪在雍子。雍子納其女于叔魚，蔽罪邢侯。邢侯怒，殺叔魚、雍子于朝。

238 養氏　昭十四年。蔓子旗與養氏比。楚子殺蔓成然，滅養氏。

239 富子　昭十六年。孔張適縣間，客從而笑之。事畢，富子諫曰：「夫大國之人，不可不慎也。幾爲之笑，而不陵我？我皆有禮，夫猶鄙我。國而無禮，何以求榮？孔張失位，吾

---

〔二〕「潘」條，傅山全書初版本脫，據手稿補。

〔三〕此上三條，傅山全書初版本的排列爲叔仲子、蔡聲子、劉子，據手稿調整。

子之恥也。」注：富子，鄭大夫。

240 郯子　昭十七年。秋，郯子來朝，公與之宴。昭子問焉，曰：「少皞氏鳥名官，何也？」郯子曰：「吾祖也，我知之」云云。仲尼聞之，見于郯子而學之。既而告人曰：「天子失官，學在四夷。〔一〕猶信。」

241 劉子　昭十七年。萇弘謂劉子曰：「客容猛，非祭也，其伐戎乎！君其備之。」乃警戎備。注：不詳此劉子何名。

242 華啓　昭廿年。宋元公取華定之子啓，以爲質。

243 陸渾子　昭十七年。晉荀吳滅陸渾。陸渾子奔楚。

244 慶比　昭廿年。齊豹之亂，公乘，驅自閲門入，慶比御公。

245 許止　昭十九年。五月戊辰，許世子止弑其君買。傳：君子曰：「盡心力以事君，舍藥物可也。」

246 渠子　昭廿年。齊氏之宰渠子召北宮子。北宮氏之宰不與聞，謀殺渠子，遂伐齊氏，滅之。

247 爽鳩氏　昭廿年。晏子：「昔爽鳩氏始居此地。」

248 蒲姑氏　昭廿年。晏子曰：「蒲姑氏因之，而後太公因之。」

249 劉子蚠　昭廿二年。蚠，見前「蚠」下。

250 單子　昭廿二年。旗，見前「旗」下。

251 隱太子　昭廿一年。蔡人出朱而立東國。朱愬于楚，無極曰：「靈王殺隱太子，其子與君同惡，

〔一〕「學」字上，傅山全書初版本衍一「官」字，據手稿删。

德君必甚。」注：東國，隱太子之子也。

252 楚夫人嬴氏　昭十九年。正月，楚夫人嬴氏至自秦。〔一〕

253 北郭啓　昭廿二年。二月，齊北郭啓帥師伐莒。莒子將戰，苑羊牧之諫曰：「齊帥賤，其求不多，不如下之。」弗聽，敗齊師于壽餘。

254 榮錡氏　昭廿二年。夏四月，景王田北山，使公卿皆從。將殺單子、劉子，王有心疾，乙丑，崩于榮錡氏。注：乙丑，四月十九日也。河南鞏縣西有榮錡澗。

255 賓起　昭廿二年。王子朝、賓起有寵于景王，王與賓孟說之，欲立之。劉蚠惡賓孟之爲人也，願殺之。賓孟適郊，見雄鷄自斷其尾。問之，侍者曰：「自憚其犧也。」遽歸告王，且曰：「鷄其憚爲人用乎！人異于是。犧者實用人，人犧實難，己犧何害？」王弗應。四年戊辰，劉子摯卒，無子，單子立劉蚠。五月庚辰，見王猛，遂攻賓起，殺之。

256 季姒　昭廿五年。季公鳥之妻季姒，與饔人檀通。

257 師己　昭廿五年。鸜鵒來巢，書所無也。師己曰：「異哉！吾聞文、成之世，童謠有之，曰：鸜之鵒之，公出辱之」云云。注：師己，魯大夫。

258 季公若之姊　昭廿五年。季公若之姊爲小邾夫人。

〔一〕「正月」以下十字，傅山全書初版本脫，據手稿補。

259 高齮　昭廿六年。〔二〕申豐從女賈，以幣錦二兩，縛一如瑱，適齊師，謂子猶之人高齮：「能貨子猶，爲高氏後，粟五千庾。」高齮以錦示子猶，子猶欲之。齮曰：「魯人買之，百兩一布。以道之不通，先入幣財。」子猶受之。

260 洩聲子　即治洩也。注：魯大夫。昭廿六年。〔三〕齊子淵捷從洩聲子，射之，中楯瓦，繇朐汰輈，匕入者三寸。聲子射其馬，斬鞅，殪。改駕，人以爲鬷戾也，而助之。子車曰：「齊人也。」將擊子車，子車射之，殪。其御曰：「又之。」子車曰：「衆可懼也，而不可怒也。」子囊帶從野洩，叱之。洩曰：「軍無私怒，報乃私也，將亢子。」又叱之，亦叱之。注：言齊無戰心，但相叱。

261 陳武子　即彊也。見昭廿五年。「彊」下。

262 共子　昭廿八年。叔向之母曰：「共子之廢。」注：即申生也。

263 原伯魯之子　昭廿九年。三月己卯。京師殺召伯盈、尹氏固及原伯魯之子。注：皆子朝黨也。

264 鍾吾子　昭卅年。十二月，吴子執鍾吾子。

265 劉子　即蚠也。昭卅二年。士彌牟營成周，計丈數，揣高卑云云。以令役于諸侯，屬役賦丈，書以授

〔二〕「六」，手稿作「五」，據十三經注疏改。
〔三〕「六」，手稿作「五」，據十三經注疏改。

帥，而效諸劉子。

266 叔孫成子

不敢也。見「敢」下。

267 子行敬子

定四年。衛子行敬子言于靈公曰：「會同難，嘖有煩言，莫之治也。其使祝佗從。」

268 伯　嚭

定四年。伯州犁之孫伯嚭爲吳太宰以謀楚。

哀元年。越子使大夫種因太宰嚭以行成。

哀七年。伯嚭召季康子，康子使子貢辭。伯嚭曰：「國君道長，而大夫不出門，此何禮也？」

哀八年。邾子又無道，吳使太宰子餘討之，囚諸樓臺，栫之以棘。

哀十二年。會吳于橐皋，吳子使嚭尋盟，公不欲。秋，衛侯輒會吳于鄖。公及衛侯、宋皇瑗盟，而卒辭吳盟。吳人藩衛侯之舍。子服何謂子貢云云。子貢請束錦以行。語及衛故，伯嚭曰：「寡君願事衛君，衛君之來也緩，寡君懼，故將止之。」子貢有墮黨崇讎之說。太宰嚭說，乃舍衛侯。

哀十三年。太宰嚭言于吳王曰：「無損于魯，而祇爲名。」乃歸景伯。王欲伐宋，殺其丈夫而囚其婦人。嚭曰：「可勝也，而弗能居也。」乃歸。

哀十五年。陳侯使公孫貞子弔吳，及良而卒，將以尸入。吳子使太宰嚭勞，且辭曰：「以水潦之不時，無乃廩然隕大夫之尸，以重寡君之憂，敢辭。」

哀廿四年。閏月，公如越，得太子適郢，將妻公而多與之地。公孫有山使告于季孫。季孫懼，使因太宰嚭而納賂焉，乃止。

269 季　羋　定四年。吳五戰，及郢。楚子取其妹季羋、畀我以出，涉雎。定五年。楚子入郢。將嫁季羋，季羋辭曰：「所以爲女子，遠丈夫也。鍾建負我矣。」以妻鍾建。

270 藍尹亹　定五年。楚王之奔隨也，將涉于成臼。藍尹亹涉其帑，不與王舟。及寧，王欲殺之，子西曰：「子常唯思舊怨以敗，君何效焉？」王曰：「善。使復其所，吾以志前惡。」

271 小惟子　定六年。四月己丑，吳太子終纍敗楚舟師，獲潘子臣、小惟子。

272 單　子武公　穆公子也。

273 劉　子　桓公文長子也。

定七年。四月，單武公、劉桓公敗尹氏于窮谷。十一月戊午，單子、劉子逆王于慶氏。定八年。二月己丑，單子伐穀城，劉子伐儀栗。辛卯，單子伐簡城，劉氏伐盂，以定王室。

274 薛君比　定十三年。冬，薛弑其君比。無傳。稱君無道。

275 定　姒　定十五年。七月壬申，姒氏卒。注：「定公夫人。」辛巳葬定姒。注：「辛巳，十月十三日。有日無月。」正義曰：公羊傳云：「定姒何以書葬？未踰年之君也，有子則廟，廟則書葬。」公羊此意，以爲定姒是妾，哀公之母，以哀公爲君，未踰年，故書其卒葬耳。左氏以定姒實是夫人，但禮不備，不成喪，是哀母與否，傳無明說。此年八月庚辰朔，二日則辛巳，九月不得有辛巳也。更盈一周，則六十二日，月有一大一小。十月己卯朔，三日得辛巳，是有日無月也。傳：姒氏卒。不稱夫人，不赴，且不祔也。葬定姒，不稱小君，不成喪也。注：公未葬而夫人薨，煩于喪禮，不赴不祔也。

故不稱小君，臣子怠慢也。反哭于寢，故書葬。

276 南　子　定十四年。

277 南孺子　哀三年。季桓子有疾，命正常曰：「南孺子之子，男也，則以告而立之；女也，則肥也可。」

278 鬻　姒　哀五年。齊諸子鬻姒之子荼嬖。哀六年。公子陽生至于齊。使胡姬以安孺子如賴，去鬻姒。

279 楚公子啓　子閭也。見「閭」下。

280 太宰嚭　哀元年。越勾踐使大夫種因吳太宰嚭以行成。哀七年。會鄫。太宰嚭召季康子，季康子使子貢辭。太宰嚭曰：「國君道長，而大夫不出門，此何禮也？」哀八年。邾子又無道，吳使太宰子餘討之。哀十二年。公會吳于橐皋，吳子使太宰嚭請尋盟。公不欲。秋，會鄖。太宰嚭謂子貢曰：「寡君願事衛君，衛君之來也緩，寡君懼，故將止之。」子貢：「是墮黨而崇讎」云云。太宰嚭說，〔一〕乃舍衛侯。哀十三年。七月，吳、晉爭先。吳人將以公見晉侯，子服景伯云云。遂囚以還。及戶牖，謂太宰曰：「魯將以上辛有事于上帝、先王」云云。太宰嚭言于王曰：「無損於魯，而只爲名，不如歸之。」吳欲伐宋，殺其丈夫而囚其婦人。嚭曰：「可勝也，而弗

〔一〕「太宰嚭」三字，傅山全書初版本脫，據手稿補。

能居也。」乃歸。

哀十五年。陳侯使公孫貞子弔焉，及良而卒，將以尸入。吳子使太宰嚭勞，且辭。

哀廿四年。公如越，得太子適郢，將妻公而多與之地。公孫有山使告于季孫。季孫懼，使因太宰嚭而納賂焉，乃止。注：嚭，故吳臣也。

281 周太史

哀六年。有雲如衆赤鳥，夾日以飛三日。楚子使問諸周太史。周太史曰：「其當王身乎！若禜之，可移于令尹、司馬。」

282 闞止

即子我。

哀六年。公子陽生駕而見南郭且于。闞止知之，先待諸外。公子曰：「事未可知，反，與壬也處。」戒之，遂行。

哀十四年。簡公之在魯也，〔二〕闞止有寵焉。及即位，使爲政。陳成子憚之，驟顧諸朝。諸御鞅言于公曰：「陳、闞不可并也。」弗聽。子我夕，陳逆殺人，子我逢之，遂執以入。逆逃，子我盟諸陳于陳宗。初，陳豹爲子我臣。與之言政，說，遂有寵，謂之曰：「我盡逐陳氏而立女，若何？」云云。五月壬申，子我在幄，逆殺侍人。子我歸，屬徒攻闈與大門，皆不勝，乃出。陳氏追之，失道于弇中，適豐丘。豐丘人執之，以告，殺諸郭關。

283 子士

哀六年。公子陽生夜至于齊，國人知之。僖子使子士之母養之。注：子士母，僖子妾也。

〔二〕「魯」，手稿爲「齊」，據十三經注疏改。

284 安孺子 即荼也。見「荼」下。

285 茅成子 哀七年。秋，狄伐邾，及范門，猶聞鐘聲。大夫諫，不聽。茅成子請告于吳，不許。見「鴻」下。

286 公甲叔子 哀八年。吳師克東陽而進。公賓庚、公甲叔子與戰于夷，獲叔子與析朱鉏，獻于王。王曰：「此同車，必使能，國未可望也。」

287 大叔懿子 大叔儀之孫也。哀十一年。初，晉悼公子慭亡在衞，使其女僕而田，大叔懿子止而飲之酒，遂聘之，生悼子大叔疾。

288 昭夫人孟子 哀十二年。五月甲辰，孟子卒。傳：公娶于吳，故不書姓。死不赴，故不稱夫人。不反哭，故不言葬小君。〔二〕孔子與弔，適季氏。季氏不絻，放絰而拜。注：反哭者，夫人禮也。以同姓，故不成其夫人矣。

289 陳簡子齒 哀十四年。五月壬申，成子兄弟四乘如公。注有簡子齒。

290 公文氏 哀十四年。向魋出于衞地，公文氏攻之，求夏后氏之璜焉。與之他玉，而奔齊。注：公文氏，衞大夫也。

291 阮氏〔三〕 哀十四年。向魋奔齊。司馬牛又致其邑，而適吳。吳人惡之，而反。趙簡子召之，陳成子亦召之，卒于魯郭門之外，阮氏葬諸丘輿。注：阮氏，魯人也。

---

〔二〕「哭故」二字，手稿已殘缺。

〔三〕本條三「阮」字，傅山全書初版本誤作「阢」，據手稿改。

292 公孫貞子　哀十五年。陳侯使公孫貞子弔吳。及良而卒，將以尸入。

293 褚師聲子比　哀十五年。衛莊公聵謂瞞成曰：「寡人離病于外久矣，子請亦嘗之。」歸告褚師比，欲與之伐公，不果。十六年。瞞成、褚師比出奔宋。哀廿五年。衛侯爲靈臺于藉圃，與諸大夫飲酒焉，褚師聲子韈而登席，公怒。辭曰：「臣有疾，異于人；若見之，君將㱿之，是以不敢。」公愈怒。褚師出。公戟其手，曰：「必斷而足！」褚師比、公孫彌牟、公文要、司寇亥等作亂。輒出奔。傅山：比出奔之後，不見後文。而廿五年又在衛，當是聵出比，後比又歸耳。

294 鄢武子　衛大夫肸也。見「肸」下。

295 子伯季子　哀十六年。子伯季子初爲孔氏臣，新登于公，請追悝，遇載祏者，殺而乘其車。許公爲反祏，遇之，曰：「與不仁人爭明，無不勝。」必使先射，射三發，皆遠許爲。許爲射之，殪。

296 公子起　哀十七年。十二月，齊人伐衛，衛人請平，立公子起，執般師以歸。注：起，靈公子也。

297 杞姒　哀十七年。初，皇野子仲將以杞姒之子非我爲子。十八年。石圃逐其君起，起奔齊。

298 蒯聵之姊　見哀十五年，孔圉下。

299 長武子　哀廿三年。六月，荀瑶伐齊，高無平帥師御之。知伯視齊師，馬駭，遂驅之。將戰，長武子請卜。

知伯曰：「君告于天子，而卜之以守龜于宗祧，吉矣，又何卜焉？」注：長武子，晉大夫。

300 夏丁氏　哀廿五年。初，衛人翦夏丁氏。注：在十一年。〔二〕即夏戊也。

301 彭封彌子　即瑕也。見「瑕」下。

302 戎州己氏　哀十七年。初，公自城上見己氏之妻髮美。見「妻」下。

303 鄄子士　哀廿五年。褚師比等作亂，自太子疾之宮譟以攻公。鄄子士請禦之，拳彌援其手，曰：「子則勇矣，將若君何？」注：鄄子士，衛大夫也。

304 杞姒　子仲妻也。哀十七年。見「野」下。

305 宋啟　哀廿六年。宋景公無子，取公孫周之子得與啓畜諸公宮，未有立焉。冬十月，景公卒。大尹立啟，奉喪殯于大宮，三日而後國人知之。得夢啟北首而寢于盧門之外，己爲烏而集于其上云云。戴氏、皇氏欲伐公，樂得曰：「不可。」大尹奉啟以奔楚。

306 公孫有山氏　哀廿七年。

307 公孫有陘氏　哀廿七年。

308 郜子　僖廿年。夏，郜子來朝。無傳。注：姬姓國也。正義曰：廿四年傳，富辰云：郜之

〔二〕「十一年」，傅山全書初版本誤作「二十一年」，據手稿改。

初封文王之子，郇季之弟，〔二〕以後更無所聞。唯此年一見而已，無時君謚號，不知誰滅之。

309 衛子 成公也。

僖廿五年。冬十二月，〔三〕公會衛子，盟于洮。注：文公既葬，成公不稱爵者。述父之志，降名從未成君，故書子以善之。正義曰：不稱爵者。釋例曰：文公欲平莒于魯，未終而薨，故衛子尋父之志，魯人由此亦修文公之好，此孝子之至感，而人情之所篤。故成公雖已免喪，至于此會，降以在喪自名，猶武王伐紂，稱太子發云云。

310 施氏 昭五年。毁中軍于施氏，成諸臧氏。注：勑二家會諸大夫發毁置之計，又取其令名。劉炫以爲施者舍也，臧者善也，成諸臧氏，取其令名也。「二家」謂叔、孟，非謂施、臧。

311 臧氏 昭五年。毁中軍于施氏，成諸臧氏。注：勑二家會諸大夫發毁置之計，又取其令名。劉炫以爲施者舍也，臧者善也，成諸臧氏，取其令名也。「二家」謂叔、孟，非謂施、臧。

312 魯大史 昭十七年。六月甲戌朔，日有食之。太史曰：「在此月也。日過分而未至，三辰有災，于是乎百官降物；君不舉，辟移時；樂奏鼓，祝用幣，史用辭。故夏書曰：『辰弗集于房，瞽奏鼓，嗇夫馳，庶人走。』此月朔之謂也。當夏四月，謂之孟夏。」平子弗

---

〔二〕「郇季」，傅山全書初版本誤作「聃季」，據手稿改。

〔三〕「十二」，手稿爲「十」，據十三經注疏改。

從。

313 南氏　哀廿五年。輒之入也，奪南氏邑。注：南氏，子南之子，公孫彌牟也。廿六年。輒不敢入。立悼公，南氏相之。以城鉏與越人。

314 叔孫文子　哀廿七年。盟平陽。言及子贛，文子曰：「他日請念。」

# 卷一百六十　春秋人名韻（二）

## 上聲

### 四語　五姥〔一〕

315 邾儀父　隱元年。三月，公及邾儀父盟于蔑。傳：邾子克也。未王命，故不書爵。曰「儀父」，貴之也。公攝位而求好于邾，故爲蔑之盟。桓十七年。二月丙午，公會邾儀父，盟于趡，尋蔑之盟也。莊十六年。邾子克卒。無傳。注：齊桓請王，以爲諸侯再同盟。正義曰：隱元年盟蔑。桓十七年盟趡。

316 公子呂　隱元年。即子封也。謂莊公：「國不堪貳，君將若之何？欲與大叔，臣請事之；若弗與，則請除之，無生民心」云云。又見「封」下。

317 衆父　即益師也。隱元年。衆父卒，公不與小斂，故不書日。見「師」下。

318 費庈父　即費伯也。隱二年。無駭入極，費庈父勝之。注：前年城郎，今因得以勝極。故傳于前年發之。

〔一〕「上聲」「四」「五」，手稿無，爲編者據體例所加。

319 孔　父　隱三年。宋穆公疾，召大司馬孔父而屬殤公焉。對曰：「羣臣願奉馮也。」桓二年。正月戊申，宋督弒其君及其大夫孔父。

320 羽　父　即公子翬也，見「翬」下。

321 頃父之子嘉父　隱六年。翼九宗五正頃父之子嘉父逆晉侯于隨，納諸鄂，晉人謂之鄂侯。注：唐叔始封，受懷姓九宗，職官五正，遂世爲晉强家。嘉父，晉大夫。

322 五　父　即佗也。隱六年。五月，鄭伯侵陳，大獲。往歲，鄭伯請成于陳，陳侯弗許。五父諫曰：「親仁善鄰，國之寶也」云云。見前佗下。

323 蔡侯宣公考父　隱八年。六月己亥，蔡侯考父卒。無傳。注：蔡未與隱盟，蓋春秋前與惠公盟，故赴以名。八月葬，無傳。三月而葬速。

324 虢公忌父　隱八年。夏，虢公忌父始作卿士于周。

325 宋華父　即督也，見「督」下。

326 晉潘父　桓二年。惠之卅年，晉潘父弒昭侯而納桓叔，不克。注：潘父，晉大夫也。

327 虢公林父　桓五年。王以諸侯伐鄭。王爲中軍；虢公林父將右軍。

328 家　父　桓八年。天王使家父來聘。無傳。注：天子大夫，家，氏。父，字。桓十五年。〔二〕春，天王使家父來求軍，非禮也。諸侯不貢車服，天子不私求財。

329 施　父　桓九年。施父曰：「曹太子其有憂乎！非嘆所也。」注：施父，魯大夫。

〔二〕「五」，手稿作「四」，據十三經注疏改。

330 詹　父〔一〕　桓十年。虢仲譖其大夫詹父于王。詹父有辭，以王師伐虢。夏，虢公出奔虞。

331 齊僖公祿父　隱六年。盟於艾。桓十四年。十二月丁巳，齊侯祿父卒。無傳。

332 子　人　語　桓十四年。夏，鄭子人來尋盟，且修曹之會。注：卽弟語也，其後爲子人氏。

333 公子慶父　卽共仲也。莊二年。夏，公子慶父帥師伐于餘丘。無傳。注：莊公時年十五，則慶父，莊公庶兄也。莊八年。夏，師及齊師圍郕。郕降于齊。仲慶父請伐齊師。公曰：「不可。」莊卅二年。冬，公子慶父如齊。注：慶父既殺子般、季友出奔，國人不與，故懼而適齊。傳：公疾，問後于叔牙。對曰：「慶父材。」問于季友。對曰：「臣以死奉般。」公曰：「鄉者牙曰慶父材」云云。十月己未，〔二〕共仲使圉人犖賊子般于黨氏。閔二年。八月辛丑，共仲使卜齮賊公于武闈。〔三〕成季以僖公適邾。共仲奔莒，乃入，立之。以賂求共仲于莒，莒人歸之。及密，使公子魚請。不許，哭而往。共仲曰：「奚斯之聲也。」乃縊。閔公，哀姜之姊叔姜之子也，〔四〕故齊人立之。共仲通于哀姜，哀姜欲立之。閔公之死也，哀姜與知之。

〔一〕「詹父」，手稿爲兩條，「桓十年」與「莊十九年」分作兩處。
〔二〕「未」，手稿脫，據十三經注疏補。
〔三〕「公」字下，傅山全書初版本衍一「子」字，據手稿刪。
〔四〕「姊」，傅山全書初版本誤作「娣」，據手稿改。

334 管至父　莊八年。齊侯使連稱、管至父戍葵丘，瓜時而往，曰：「及瓜而代。」期戍，公問不至。請代，弗許。故謀作亂。

335 蔡侯獻舞　莊十年。蔡哀侯娶于陳，息侯亦娶焉。息嬀將歸，過蔡。蔡侯曰：「吾姨也。」止而見之，弗賓。息侯聞之，怒，使謂楚文王曰：「伐我，吾求救于蔡而伐之。」楚子從之。九月，荆敗蔡師于莘，以蔡侯歸。又見哀侯下。

336 周公忌父　莊十六年。周公忌父出奔虢。惠王立而復之。注：辟蔿國之難也。魯桓十五年，經書：桓王崩。莊三年。書「葬桓王」。自此以來，周有莊王，又有僖王，崩葬皆不見于經、傳。王室微弱，不能復自通于諸侯，故傳因忌父之事而見惠王，惠王立于此年之末。僖十年。四月，周公忌父等會隰朋立晉侯夷吾。僖廿四年。頹叔、桃子奉大叔以狄伐周，獲周公忌父。

337 燕仲父　莊廿年。春，鄭厲公執燕仲父。注：燕仲父，南燕伯也。爲伐周故。十九年，衛師、燕師伐周。立子頹也。

338 詹　父　莊十九年。王奪詹父田，詹父等作亂。奉子頹伐王。〔二〕

339 梁　五　莊廿八年。驪姬賂外嬖梁五與東關嬖五。注：姓梁名五，在閨闥之外者。東關嬖五，別在關塞者，亦名五。皆大夫，爲獻公所嬖幸，視聽外事。二五卒與驪姬譖羣公子而立奚齊，晉人謂之二五耦。

〔二〕「詹父」條，傅山全書初版本脫，據手稿補。

340 嬖　五

莊廿八年。驪姬賂外嬖梁五與東關嬖五。注：姓梁名五，在閨闥之外者。東關嬖五，別在關塞者，亦名五。皆大夫，爲獻公所嬖幸，視聽外事。二五卒與驪姬譖羣公子而立奚齊，晉人謂之二五耦。

341 卜楚丘之父

閔二年。成季之將生也，桓公使卜楚丘之父卜之，曰：「男也，其名曰友」云云。〔一〕

342 宋太子茲父

即襄公也。

僖八年。宋公疾，太子茲父固請曰：「目夷長且仁，君其立之！」公命子魚。子魚曰：「能以國讓，仁孰大焉？」

僖九年。宋桓公卒。未葬而襄公會諸侯，故曰子。凡在喪，王曰小童，公侯曰子。

僖廿三年。五月庚寅，宋襄公茲父卒。注：三同盟。正義曰：茲父以九年即位，其年盟于蔡丘，十五年于牡丘，唯與魯同此二盟而已。今云「三」者，并數盟于薄，釋宋公也。傳：傷于泓故也。

343 祁　舉

僖十年。冬，郤芮殺祁舉。注：晉大夫。

344 纍　虎

僖十年。晉郤芮等殺七輿大夫纍虎等，皆里克、平鄭之黨也。

345 卜徒父

僖十五年。秦饑，晉閉之糴，故秦伯伐晉。卜徒父占之，吉：「涉河，侯車敗。」詰之。對曰：「乃大吉也。三敗，必獲晉君。其卦遇蠱曰：『千乘三去，三去之餘，獲其雄狐。』夫狐蠱，必其君也」云云。注：徒父，秦掌卜大夫。

〔一〕「卜楚丘之父」條，傅山全書初版本脫，據手稿補。

346 晉懷公圉　僖十七年。晉太子圉爲質于秦，秦歸河東而妻之。惠公之在梁也，梁伯妻之。梁嬴孕，過期，生男曰圉。

僖廿二年。晉圉爲質于秦，將逃歸，謂嬴氏曰：「與子歸乎」云云。遂逃歸。

廿三年。九月，晉惠公卒。懷公，命無從亡人。〔二〕

僖廿四年。二月，晉公子重耳入于曲沃。戊申，使殺懷公于高梁。不書，亦不告也。

347 卜招父　僖十七年。惠公之在梁也，梁伯妻之。梁嬴孕，過期。卜招父與子卜之。其子曰：「將生一男一女。」招父曰：「然。男爲人臣，女爲人妾。」故名男曰圉，女曰妾。

348 簡師父　僖廿四年。惠王出適鄭，居于氾。使簡師父告于晉。注：周大夫。

349 石甲父　僖廿四年。鄭伯與石甲父、侯宣多省視官、具于氾，而後聽私政，〔三〕禮也。

僖卅年。鄭公子蘭從晉侯伐鄭，石甲父、侯宣多逆以爲太子，以求成于晉，晉人許之。

350 左鄢父　僖廿四年。王出居鄭，使左鄢父告于秦。注：周大夫。

351 荀林父　中行桓子也。

僖廿七年。作三軍。荀林父御戎，魏犨爲右。

僖廿八年。晉侯作三行以御狄，荀林父將中軍。

文七年。禦秦師，荀林父佐上軍。注：「箕鄭將上軍，居守，故佐獨行。」先蔑之使也，荀林父曰：「夫人、太子猶在，而外求君，此必不行。」弗聽。及蔑亡，荀伯盡送

〔二〕「命」字上，傅山全書初版本衍一「立」字，據手稿删。

〔三〕「政」，手稿作「鄭」，據十三經注疏改。

其帑及其器用財賄于秦，曰：「爲同寮故也。」

文十二年。秦、晉河曲之戰。趙盾將中軍，荀林父佐之。注：代先克。〔二〕

文十三年。中行桓子曰：「請復賈季，能外事，且由舊勳。」

文十七年。荀林父等伐宋，討曰：「何故弑君？」猶立文公而還。卿不書，失其所也。

宣元年。荀林父以諸侯之師伐宋，宋及晉平。

宣五年。冬，楚子伐鄭。陳及楚平。荀林父救鄭，伐陳。

宣六年。赤狄伐晉，圍懷及邢丘。晉侯欲伐之。中行桓子曰：「使疾其民，以盈其貫。將可殪也。周書曰，『殪戎殷』，此類之謂也。」

宣九年。陳侯不會于扈，荀林父以諸侯之師伐陳。晉侯黑臀卒于扈，乃還。

宣十二年。邲之戰。六月，荀林父將中軍，先縠佐之。及河，聞鄭及楚平，桓子欲還，彘子以中軍佐濟。韓獻子謂桓子曰：「子爲元帥，師不用命，誰之罪也」云云。師遂濟。楚疾進師，車馳、卒奔，乘晉軍。桓子不知所爲，鼓于軍中曰：「先濟者有賞！」中軍、下軍爭舟，舟中之指可掬也。秋，晉師歸，桓子請死，晉侯欲許之。士貞子諫之。晉侯使復其位。

宣十四年。夏，晉侯伐鄭，爲邲故也。告于諸侯，蒐焉而還。中行桓子之謀也，曰：「示之以整，使謀而來。」鄭人懼。鄭伯如楚，謀晉故也。

宣十五年。六月癸卯，荀林父敗赤狄于曲梁，辛亥，滅潞。晉侯賞桓子狄臣千室。

〔二〕自「必不行」至「先克」上，手稿已殘缺。

林父自僖廿七年歷文十八至宣十五年，凡卅九年。

352 蔡侯甲午

僖廿八年。蔡侯盟于踐土。

定四年。傳：蔡甲午。按史記世家：繆侯卒，子莊侯甲午立。立卅四年，莊侯卒，子文侯申立。甲午之卒，當在魯文十五年，而經、傳都無。蓋崩薨不赴則不書之例邪？是年新城之盟，蔡人不與，郤缺以上軍、下軍伐蔡。戊申，入蔡，以城下之盟而還。不知其時是甲午邪，申矣邪？十一月，又與盟于扈，謀伐齊。屢同盟而卒不赴，〔一〕亦無禮甚。

353 衛子叔武

僖廿八年。盟踐土。〔二〕衛侯聞楚師敗，出奔楚，使元咺奉叔武以受盟。或訴元咺于衛侯曰：「立叔武矣。」衛侯殺元角。元咺奉夷叔以入守。衛侯先期入。叔武將沐髮，聞君至，喜，捉髮走出，〔三〕前驅，歂犬、華仲射而殺之。

354 國歸父

齊大夫也。

僖廿八年。四月戊辰，國歸父等次于城濮。

僖廿九年。國歸父盟翟泉。傳：卿不書，罪之也。禮，卿不會公侯。

僖卅三年。國歸父來聘。傳：國莊子來聘，自郊勞至于贈賄，禮成而加之以敏。臧文仲言于公曰：「國子爲政，齊猶有禮，君其朝焉！服于有禮，社稷之衛也。」

355 王子虎

僖廿八年。王命尹氏、王子虎等策命晉侯爲侯伯。五月癸亥，王子虎盟諸侯于王庭，

〔一〕「屢」，傳山全書初版本脱，據手稿補。
〔二〕「盟」字下，傅山全書初版本衍一「于」字，據手稿删。
〔三〕「出」，手稿似「仲」，不解，此據十三經注疏。

要言曰：「皆獎王室，無相害也」云云。

僖廿九年。王子虎盟于翟泉，尋踐土之盟也。

文三年。五月，王子虎卒。注：不書爵者，天王赴也。王子虎，即王叔文公。傳：四月乙亥，王叔文公卒，來赴，弔如同盟，禮也。

356 叔興父

僖廿八年。王命尹氏、王子虎、内史叔興父策命晉侯爲侯伯。

357 燭之武

僖卅年。佚之狐言于鄭伯曰：「若使燭之武見秦君，師必退」云云。夜，縋而出見秦伯曰：「若亡鄭而有益于君，敢以煩執事。越國以鄙遠，君知其難也，若舍鄭以爲東道主」云云。秦伯說，與鄭人盟。

文十七年。鄭子家使執訊而與之書，告趙宣子，曰：「往年正月，燭之武往，朝夷也。」

358 陽處父

僖卅二年。楚鬬章請平于晉，晉陽處父報之，晉、楚始通。

僖卅三年。使陽處父追秦三帥，及諸河，則在舟中矣。釋左驂，以公命贈孟明。陽處父侵蔡，楚子上救之，與晉師夾泜而軍。陽處父使謂子上曰：「文不犯順，武不違敵。子若欲戰，則吾退舍，子濟而陳，遲速唯命。不然，紓我。老師費財，亦無益也。」乃駕以待。子上欲涉，大孫伯曰：「不可。晉人無信，半涉而薄我，悔敗何及？不如紓之。」乃退舍。陽子宣言曰：「楚師遁矣。」遂歸。

文二年。三月乙巳，及晉處父盟。傳：晉人以公不朝來討，公如晉。四月己巳，晉人使陽處父盟公以恥之。〔二〕書曰：「及晉處父盟。」以厭之也。注：厭，於涉反，損也。

文三年。陽處父伐楚救江。傳：冬，晉以江故告于周，王叔桓公、晉陽處父伐楚救江，〔三〕門于方城，遇息公子朱而還。

文五年。陽處父聘于衛，反過甯，甯嬴從之。及温而還。其妻問之。嬴曰：「以剛。『沈潛剛克，高明柔克。』夫子壹之」云云，「余懼不獲其利而離其難，是以去之。」

文六年。冬，晉殺其大夫陽處父。傳：陽處父至自温，改蒐于董，易中軍。陽子，成季之屬也，故黨趙氏，謂趙盾能，是以上之。賈季怨陽子之易其班也，而知其無援于晉也，九月，賈季使續鞫居殺陽處父。書曰云云，侵官也。

359 箕鄭父

見「鄭」下。

360 季文子行父

季友孫也。

文六年。夏，行父如陳。秋，如晉。傳：臧文仲以陳、衛之睦也，欲求好于陳。夏，季文子聘于陳，且娶焉。注：因聘而自爲娶。秋，季文子將聘于晉，使求遭喪之禮以行。其人曰：「將焉用之？」文子曰：「備豫不虞，古之善教也。求而無之，實難。過求，何害？」

文十二年。冬，季孫行父帥師城諸、鄆。

文十三年。冬，鄭伯與公宴于棐，子家賦鴻雁。季文子曰：「寡君未免于此。」文子賦

〔二〕自「己巳」至此，手稿已殘缺。

〔三〕「伐」字，手稿已殘缺。「救」字上，傅山全書初版本衍一「以」字，據手稿删。

四月。子家賦載馳之四章。文子賦采薇之四章。鄭伯拜。公答拜。

文十五年。春，季孫行父如晉。傳：爲單伯與子叔姬故也。秋，季孫行父如晉。傳：齊人侵我西鄙，故季文子告于晉。齊遂伐曹，討其來朝也。季文子曰：「齊侯其不免乎？己則無禮，而討于有禮者，曰：女何故行禮？」云云。注：十八年，商人被弑。

文十六年。春，行父會齊侯于陽穀。傳：及齊平。公有疾，使季文子會于陽穀。請盟，齊侯不肯，曰：「請俟公閒。」

文十八年。冬，季孫行父如齊。傳下十八年，〔二〕宣公命與莒僕邑曰：「今日必授！」季文子使司寇出諸竟，〔三〕曰：「今日必達！」公問其故。季文子使太史克對曰：「臧文仲教行父事君之禮，曰：『無禮于其君者，如鷹鸇之逐鳥雀也』云云。」

宣元年。夏，季孫行父如齊。傳：季文如齊，納賂以請會。注：宣公簒立，未列于會，以賂請之。公會齊侯于平州，以定公位。

宣十年。秋，季文子初聘于齊。

宣十八年。公薨。季文子言于朝曰：「使我殺適立庶以失大援者，仲也夫！」

成二年。六月癸酉，季孫行父等戰搴。傳：季文子帥師會之。

成四年。夏，公如晉。晉景公見公，不敬。季文子曰：「晉侯必不免。詩曰：敬之敬

〔二〕「下十八年」，傅山全書初版本脫，據手稿補。
〔三〕「出」字，傅山全書初版本脫，據手稿補。

之！天惟顯思，命不易哉！」公至自晉，欲求成于楚而叛晉。季文子曰：「不可。晉雖無道，未可叛也」云云。「楚雖大，非吾族也，其肯字我乎？」公乃止。

成六年。二月，季文子以鞌之功立武宫，非禮也。聽于人以救其難，不可以立武。立武由己，非由人也。冬，季文子如晉，賀遷也。

成七年。春，吴伐郯，郯成。季文子曰：「中國不振旅，蠻夷入伐，而莫之或恤。無弔者也夫！詩曰：『不弔昊天，亂靡有定。』其此之謂乎！」

成八年。春，晉侯使韓穿來言汶陽之田，歸之于齊。季文子餞之，私焉，曰：「謂汶陽之田，敝邑之舊也，而用師于齊，使歸諸敝邑。今有二命，曰歸諸齊」云云。七年之中，一與一奪，二三孰甚焉？

冬，士燮來聘，言伐郯，公賂之，請緩師，文子不可，季孫懼，使宣伯會伐郯。

成九年。夏，季孫行父如宋致女。注：女嫁三月，又使大夫隨加聘問，謂之致女，所以致成婦禮。傳：季文子如宋致女，復命，公享之。賦韓奕之五章。〔二〕穆姜出於房，再拜，曰：「大夫勤辱，不忘先君，以及嗣君，施及未亡人」云云。又賦綠衣之卒章而入。

成十一年。夏，季文子如晉報聘，且涖盟也。

成十六年。九月，晉人執季孫行父，舍之于苕丘。傳：宣伯使告郤犨曰：「魯之有季、孟，猶晉之有欒、范也」云云，請止行父而殺之。九月，晉人執季文子于苕丘，

〔二〕「公享之賦韓」五字，手稿已殘缺。

公還，待于鄆，使聲伯請季孫于晉。范文子謂欒武子曰：「季孫于魯，相二君，〔一〕妾不衣帛，馬不食粟」云云。〔二〕乃許魯平，赦季孫。

成十八年。晉士魴來乞師。季文子問師數于臧武仲，對曰：「如伐鄭，可也。」從之。

襄二年。夏，齊姜薨。初，穆姜使擇美檟，以自爲櫬與頌琴，季文子取以葬。君子曰：「非禮也。禮無所逆。婦，養姑者也。虧姑以成婦，逆莫大焉。」

襄四年。定姒薨。不殯于廟，無櫬，不虞。匠慶謂季文子曰：「子爲正卿」云云。初，季孫爲己樹六檟于蒲圃東門之外，匠慶請木，〔三〕季孫曰：「略。」匠慶用蒲圃之檟，季孫不御。君子曰：「志所謂『多行無禮，必自及』。」

襄五年。十二月辛未，季孫行父卒。傳：季文子卒。大夫入斂，公在位。宰庀家器爲葬備，無衣帛之妾，無食粟之馬，無藏金玉，無重備器，君子是以知季文子之忠于公室也：「相三君矣，而無私積，可不謂忠乎？」

歷凡卅四年。

韓奕之五章：「蹶父孔武，靡國不到。爲韓姞相攸，莫如韓樂。孔樂韓土，川澤訏訏。魴鱮甫甫，麀鹿噳噳。有熊有羆，有猫有虎。慶既令居，韓姞燕譽。」邶風綠衣之卒章：「絺兮綌兮，凄其以風。我思古人，實獲心我。」四月四章曰：「滔滔江漢，南

〔一〕「君」字下，傅山全書初版本衍一「矣」字，據手稿删。

〔二〕「粟」，手稿作「肉」，據十三經注疏改。

〔三〕「匠慶」上，手稿衍一「之」字，據十三經注疏删。

國之紀。盡瘁以仕，寧莫我有？」賦四月時，豈謂□楚邪？〔二〕

361 鍼　虎　文六年。秦穆公卒，以子車氏之三子鍼虎等爲殉。

362 司徒皇父　文十一年。初，宋武公之世，鄋瞞伐宋，司徒皇父帥師禦之。耏班御皇父充石，以敗狄于長丘，獲緣斯。皇父之二子死焉。

363 牛　父　文十一年。初，宋武之世，〔三〕司寇牛父駟乘，敗狄于長丘。

364 王子成父　文十一年。傳：齊襄之二年，鄋瞞伐齊。齊王子成父獲其弟榮如。

365 石　楚　鄭大夫也。

文十七年。鄭石楚等伐宋，討曰：「何故弒君？」猶立文公而還。卿不書，失其所也。

十月，鄭太子夷、石楚爲質于晉。

366 樂　呂　文十八年。宋公子朝卒，使樂呂爲司寇。注：樂呂，戴公之曾孫。

宣二年。鄭歸生受命于楚伐宋，樂呂御之。二月壬子，戰大棘，獲樂呂。

367 伯　虎　文十八年。高辛才子八元，伯虎。

368 胥甲父　卽胥甲也。見甲下。

369 䢵子之女　宣四年。初，若敖娶于䢵，生鬬伯比。若敖卒，從其母畜于䢵，淫于䢵子之女，生子文焉。

370 儀行父　宣九年。陳靈公與儀行父等通于夏姬，皆衷其衵服，以戲于朝。

---

〔二〕自「韓奕之五章」至此，傅山全書初版本脫，據手稿補。

〔三〕「宋武」下，傅山全書初版本衍一「公」字，據手稿刪。

宣十年。靈公與儀行父等飲酒于夏氏。公謂行父曰：「徵舒似女。」對曰：「亦似君」云云。二子奔楚。

宣十一年。楚子入陳，納儀行父等于陳。注：二子亂人也，君弒之後，能外託楚以求報君之仇，内結强援于國。故楚莊得平步而討陳，除弒君之賊。于是陳成公播蕩于晉，定亡君之嗣，靈公成喪，功足以補過，故君子善楚，復之。傅山曰：其然，其然。

371 公孫歸父

襄仲之子，子家也。見前「家」下。

372 崔武子杼

宣十年。崔杼有寵于惠公，高、國畏其偪也，公卒而逐之，奔衛。書曰「崔氏」，非其罪也。

成十七年。齊侯使崔杼爲大夫。

成十八年。十二月，仲孫蔑會崔杼等盟于虛朾。

襄元年。夏，仲孫蔑會崔杼次于鄫。

襄二年。冬，崔杼等會于戚，遂城虎牢。傳：復會于戚，崔武子等皆會，知武子之言故也。注：知武子言「事將在齊」，齊人懼，帥小國而會之。

襄六年。齊遷萊于郳。高厚、崔杼定其田。

襄九年。伐鄭。〔二〕崔杼從士匄門于鄟門。〔三〕

襄十年。諸侯伐鄭，崔杼使太子光先至于師，故長于滕。

---

〔二〕「伐鄭」二字，傅山全書初版本脫，據手稿補。

〔三〕「從」，傅山全書初版本脫，據手稿補。

襄十四年。齊崔杼會伐秦。不書，惰也。向之會亦如之。

襄十九年。崔杼微逆光而立之。八月，崔杼殺高于灑藍，而兼其室。

襄廿三年。齊侯伐衛。崔杼諫曰：「小國閒大國之敗而毀焉，必受其咎。」弗聽。陳文子見崔杼，曰：「將如君何？」崔杼曰：「羣臣若急，君于何有」云云。陳文子曰：「崔子將死乎！」

襄廿四年。七月，崔杼帥師侵莒。傳：陳無宇如楚，崔杼帥師送之，遂伐莒，侵介根。

襄廿五年。春，崔杼伐我北鄙，以報孝伯之師也。公患之，使告于晉。孟綽曰：「崔子將有大志。」五月乙亥，崔杼弑其君光。崔杼取棠姜。莊公通焉，驟如崔氏，以崔子之冠賜人云云。崔子因是，又以其問伐晉也。欲弑公以說于晉。晉侯使魏舒、宛沒逆衛侯，崔子止其帑，以求五鹿。

襄廿七年。齊崔杼生成及彊而寡，娶東郭姜，生明云云。〔一〕崔成等告慶封曰：「夫子之身，唯無咎與偃是從，父兄莫得進矣」云云。九月庚辰，崔成等殺無咎等。崔子怒而出，其衆皆逃，求人使駕，不得。使圉人駕，寺人御而出，且曰：「崔氏有福，止余猶可」云云。乃縊。

373 楚莊王旅

宣十八年。七月甲戌，楚子旅卒。注：未同盟而赴以名，吳、楚之葬，僭而不典，故

〔一〕自「崔子因是」至此，手稿已殘缺。

臧宣叔許

絕而不書，同之蠻夷以懲求名之僞。〔一〕

注：文仲之子，武仲之父，許，名也。時爲司寇之刑。宣十八年。冬，公薨。季文子言于朝曰：「使我殺適立庶以失大援者，仲也夫！」藏宣叔怒曰：「當其時木能治也，後之人何罪？子欲去之，許請去之。」遂逐東門氏。子家還，及笙，奔齊。

成元年。冬，臧宣叔令修賦、繕完、具守備，曰：「齊、楚結好，我新與晉盟，晉、楚爭盟，齊師必至。雖晉人伐齊，楚必救之，是齊、楚同我也。知難而有備，乃可以逞。」

成二年。六月癸酉，臧宣叔等戰鞌。傳：臧宣叔亦如晉乞師。主郤獻子。獻子請八百乘，許之。

臧宣叔逆晉師，且道之。冬，楚師侵衛，遂侵我師于蜀。使臧孫往。辭曰：「楚遠而久，固將退矣。無功而受名，臣不敢。」公衡逃歸。臧宣叔曰：「衡父不忍數年之不宴，以棄魯國，國將若之何？誰居？後之人必有任是夫！」

成三年。十一月，晉荀庚、衛孫良夫來聘。公問諸臧宣叔曰：「中行伯之于晉也，其位在三；孫子之于衛也，位爲上卿，將誰先？」對曰：「次國之上卿，當大國之中，中當其下，下當其上大夫。小國之上卿，當大國之下卿，中當其上大夫，下當其下大夫。上下如是，古之制也。衛在晉，不得爲次國。晉爲盟主，其將先之。」丙午，盟晉；丁未，盟衛，禮也。

〔一〕「蠻夷」，傅山全書初版本誤作「夷蠻」，據手稿改。

成四年。四月甲寅，臧宣叔卒。

375 逢丑父　成二年。鞌之戰。邴夏御齊侯，逢丑父爲右。齊師敗績。逢丑父與公易位。將及華泉。驂絓于木而止。丑父寢于轏中，蛇出于其下，以肱擊之，傷而匿之，故不能推車而及。丑父使公下，如華泉飲。韓厥獻丑父，郤獻子將戮之，呼曰：「自今無有代其君任患者」云云。乃免之。齊侯免，求丑父，三入三出。

376 鄭周父　成二年。鞌之戰，逢丑父使公下，如華泉飲。鄭周父御佐車，宛茷爲右，載齊侯以免。

377 樂舉　成二年。宋文公卒，始厚葬云云。君子謂華元、樂舉「於是乎不臣」云云，「今二子者，君生縱其惑，死又益其侈。」

378 孫文子林父　成七年。冬，衛孫林父出奔晉。傳：衛定公惡孫林父。冬，林父出奔晉。衛侯如晉，晉反戚焉。注：戚，孫氏邑，出奔戚隨屬晉。

成十四年。衛侯如晉，晉侯强見孫林父焉。定公不可。衛侯既歸，晉侯使郤犨送孫林父而見之。定姜曰：「是先君宗卿之嗣也」云云。衛侯見而復之。

成十四年。衎立。孫文子自是不敢舍其重器于衛，盡寘諸戚，而甚善晉大夫。〔二〕

襄二年。冬，孫林父等會戚。

襄五年。夏，孫林父等會吴于善道。〔三〕

襄七年。冬，孫文子來聘，且拜季武子之言，而尋孫桓子之盟。公登亦登。穆叔曰：

〔二〕「善」字下，傅山全書初版本衍一「者」字，據手稿删。

〔三〕「吴」，傅山全書初版本脱，據手稿補。

「孫子必亡。」

襄十一年。諸侯伐鄭。衛孫林父侵其北鄙。

襄十四年。獻公戒孫文子、甯子食，皆服而朝，日旰不召，而射鴻于囿。二子從之，不釋皮冠而與之言。二子怒。孫文子如戚，蒯入使。公使太師歌巧言之卒章。蒯告文子，文子曰：「君忌我矣，弗先，必死。」並帑于戚而入，見蘧伯玉，曰：「君之暴虐，子所知也」云云。公使子蟜，子伯、子皮與孫子盟，孫子皆殺之。四月，公如鄄。使子行請于孫子，〔二〕孫子又殺之。公出奔齊，孫氏追之。衛立公孫剽，孫林父、甯殖相之，以聽命于諸侯。冬，孫林父等會戚，謀定衛也。

襄十九年。夏，孫林父帥師伐齊。

襄廿六年。二月，孫林父入于戚以叛。襄廿六年。〔三〕孫文子在戚。甯喜、右宰穀伐孫氏，〔三〕不克云云。復攻孫氏，克之。孫林父以戚如晉。書曰「入于戚以叛」，罪孫氏也。

襄廿九年。季札自衛如晉，將宿於戚，聞鐘聲焉，曰：「異哉！吾聞之也，辯而不德，必加於戮。〔四〕夫子獲罪于君以在此」云云。林父聞之，終身不聽琴瑟。

## 379 侯

羽 鄭大夫也。

〔二〕「請」字，手稿無，據十三經注疏補。

〔三〕「襄廿六年」四字，傅山全書初版本脫，據手稿補。

〔三〕以上四字，手稿已殘缺。

〔四〕「德必加」三字，手稿已殘缺。

380

趙孟文子武

成七年。鄭共仲、侯羽軍楚師。囚鍾儀。

成八年。六月，晉討同、括。武從姬氏畜于公宮。韓厥曰：「成季之勳」云云。乃立武，而反其田焉。

成十八年。晉悼公卽位。使趙武爲卿。

襄九年。楚子囊曰：「魏絳多功，以趙武爲賢，而爲之佐。」十月，諸侯伐鄭。庚午，杞人、郳人從趙武、魏絳斬行栗。

襄十一年。諸侯之師觀兵于鄭東門。鄭人使王子伯駢行成。〔一〕九月甲戌，趙武入盟鄭伯。

襄十三年。晉侯蒐于綿上以治兵。使韓起將上軍，辭以趙武。又使欒黶，辭曰：「臣不如韓起，起願上趙武，君其聽之。」使趙武將上軍，韓起佐之。

襄十八年。伐齊。趙武、韓起以上軍圍盧，弗克。十二月戊戌，及秦周，伐雍門之萩。

襄廿五年。七月己巳，盟于重丘，趙文子爲政，令薄諸侯之幣，而重其禮。謂穆叔曰：「自今以往，兵其少弭矣。齊崔、慶新得政，將求善于諸侯。武也知楚令尹。若敬行其禮，道之以文辭，以靖諸侯，兵可以弭。」

襄廿五年。鄭獻捷于晉，晉人問陳之罪。子產對云云。士莊伯復于趙文子。文子曰：「其辭順。犯順，不祥。」乃受之。

襄廿六年。六月，會澶淵，以討衛，疆戚田。取衛西鄙懿氏六十以與孫氏。注：「六

〔一〕「行成」，傅山全書初版本誤作「成行」，據手稿改。

十井也。趙武不書，尊公也。」七月，齊侯、鄭伯爲衛侯故如晉。國弱使晏平仲私于叔向云云。叔向告趙文子，文子以告晉侯。許歸衛侯。

襄廿六年。齊人城郟之歲，齊烏餘以廩丘奔晉，襲衛羊角，取之，遂襲我高魚云云。於是范宣子卒，諸侯弗能治也。及趙文子爲政，乃卒治之。文子言于晉侯曰：「今烏餘之邑，皆討類也，而貪之，是無以爲盟主。請歸之。」公曰：「孰可使也？」對曰：「胥梁帶能無用師。」

襄廿七年。向戌欲弭兵如晉，告趙孟。趙孟謀于諸大夫。韓宣子云云。晉人許之。五月甲辰，趙武至于宋。六月丁未朔，宋人享趙文子，叔向爲介。司馬置折俎，禮也。仲尼使舉是禮也，以爲多文辭。子木謂向戌，請晉、楚之從交相見也。庚午，向戌復于趙孟。趙孟曰：「晉、楚、齊、秦，匹也，晉之不能于齊，猶楚之不能于秦也。楚君若能使秦君辱于敝邑，〔二〕寡君敢不固請于齊」云云。七月戊寅，夜，趙孟及子晳盟，以齊言。晉、楚各處其偏。伯夙謂趙孟曰：「楚氛甚惡，懼難。」趙孟曰：「吾左還，入于宋，若我何？」辛巳，將盟于宋西門之外。趙孟患楚衷甲，以告叔向。叔向曰：「何害也？」云云。晉、楚爭先。叔向謂趙孟，〔三〕先楚人。壬午，宋公兼享晉楚之大夫，趙孟爲客，子木與之言，弗能對。乙酉，宋公及諸侯之大夫盟于蒙門之外。子木問于趙孟曰：「范武子之德何如？」對曰：「夫子之家事治」云云。鄭伯享趙孟于垂

〔二〕「辱」字下，手稿衍一「八」字，據十三經注疏改。
〔三〕「趙孟」下，傅山全書初版本衍「云云」二字，據手稿删。

隴。趙孟曰：「七子從君，以寵武也。請皆賦，以卒君貺，武亦以觀七子之志。」子展賦草蟲。趙孟曰：「善哉，民之主也！抑武也，不足以當之。」伯有賦鶉之賁賁。趙孟曰：「牀笫之言不踰閾，況在野乎？非使人之所得聞也。」子西賦黍苗之四章。趙孟曰：「寡君在，武何能焉？」子產賦隰桑。趙孟曰：「武請受其卒章。」子大叔賦野有蔓草。趙孟曰：「吾子之惠也。」印段賦蟋蟀。趙孟曰：「善哉，保家之主也！吾有望矣。」公孫段賦桑扈。趙孟曰：「匪交匪敖，福將焉往？若保是言也，欲辭福祿，得乎？」卒享，文子告叔向曰：「伯有將爲戮矣。詩以言志，志誣其上而公怨之，以爲賓榮，其能久乎？幸而後亡。其餘皆數世之主也。子展其後亡者也，在上不忘降。印氏其次也，樂而不荒。樂以安民，不淫以使之，後亡，不亦可乎！」

襄廿八年。楚屈建卒，趙文子喪之如同盟，禮也。

襄廿九年。季札適晉，說趙文子。

襄卅年。絳縣老人云云。趙孟召之而謝焉，曰：「武不才，任君之大事，以晉國之多虞，不能由吾子」云云。

襄卅年。羽頡出奔晉。事趙文子云云。見樂成下。十月，叔孫豹會晉趙武等于澶淵。既而無歸於宋。

襄卅一年。子產壞晉館垣。士文伯復命。文子曰：「我實不德，而以隸人之垣以贏諸侯，是吾罪也。」使文伯謝不敏。吳屈狐庸聘于晉。趙文子問焉，曰：「延州來季子其果立乎？巢隕諸樊，閽戕戴吳，天似啓之，何如？」云云。

昭元年。趙武等會于虢。祁午謂趙文子曰：「令尹之不信，諸侯之所聞也」云云。文子曰：「武將信以爲本，循而行之」云云。欒桓子欲求貨于叔孫，請帶焉，弗與。趙孟聞之，曰：「臨患不忘國，忠也」云云。乃請諸楚。楚人許之，乃免叔孫。令尹享趙孟，賦大明之首章。趙孟賦小宛之二章。事畢，謂叔向曰：「令尹自以爲王矣。」夏四月，趙孟、叔孫豹、曹大夫入于鄭，鄭伯兼享之。趙孟賦瓠葉云云。乃用一獻。趙孟爲客。禮終乃宴。穆叔賦鵲巢，趙孟曰：「武不堪也。」又賦采蘩，曰：「小國爲蘩，〔二〕大國省穡而用之，其何實非命？」子皮賦野有死麕之卒章，趙孟賦常棣，且曰：「吾兄弟比以安，尨也可使無吠。」飲酒樂，趙孟曰：「吾不復此矣。」天王使劉定公勞趙孟于潁，館于洛汭。劉子曰：「子盍亦遠績禹功」云云。趙孟曰：「老夫罪戾是懼，焉能恤遠？吾儕偷食，朝不謀夕，何其長也」云云。劉子歸，以語王曰：〔三〕「趙孟不復年矣」云云。秦后子見趙孟。趙孟曰：「吾子其曷歸」云云。趙孟視蔭曰：「朝夕不相及，誰能待五？」后子出，而告人曰：「趙孟將死矣。主民，翫歲而愒日，其與幾何？」楚子干奔晉，叔向使與秦公子同食。趙文子曰：「秦公子富。」十二月，晉既烝，趙孟適南陽，將會孟子餘。甲辰朔，烝于溫，庚戌，卒。

昭三年。初，州縣，欒豹之邑也。及欒氏亡，范宣子、趙文子、韓宣子皆欲之。文子曰：「溫，吾縣也。」二宣子云云。乃舍之。及文子爲政，趙獲曰：「可以取州矣。」文子曰：「退！二子之言，義也。余不能治余縣，又焉用州。」

---

〔二〕「蘩」，傅山全書初版本誤作「繁」，據手稿改。

〔三〕「語」字下，手稿衍一「以」字，據十三經注疏删。

381 周公楚　成十一年。周公楚惡惠、襄之偪也，且與伯與爭政，不勝，怒而出。及陽樊，王使劉子復之，盟于鄄而入。三日復出，奔晉。成十二年。春，王使以周公之難來告。書曰「周公出奔晉」，凡自周無出，周公自出故也。

382 不更女父　成十三年。麻隧之戰，秦師敗績，獲秦成差及不更女父。注：不更，秦爵。

383 鄭子羽　成十三年。公子班自訾求入于大宮，不能，殺子印、子羽。注：穆公子也。馬師頹，子羽之孫也。謂之羽頹。

384 魚府　成十五年。宋魚府爲少宰。桓族也。魚石將止華元。魚府曰：「右師反，必討」云云。華元使華喜等殺子山。魚府出舍于睢上，元止之，〔二〕魚府曰：「今不從，不得入矣。」出奔楚。成十八年。楚子辛等伐彭城，納魚府等。

385 夷陽五　成十七年。郤錡奪夷陽五田，五嬖于厲。〔三〕十二月壬午，胥童、夷陽五帥甲八百將攻郤氏，長魚矯請無用衆。

386 魯襄公午　成公子，母定姒。卅一年。六月辛巳，薨于楚宮。十月癸酉葬。

387 祁午　襄三年。祁奚請老，晉侯問嗣焉。稱解狐云云。又問焉。對曰：「午也可。」

〔二〕「元」字上，傅山全書初版本衍一「華」字，據手稿删。
〔三〕「五」字，傅山全書初版本脱，據手稿補。

昭元年。會虢，祁午謂趙文子曰：「宋之盟，楚人得志于晉。今令尹之不信，諸侯之所聞也。子弗戒，懼又如宋」云云。

昭五年。薳啓彊曰：「羊舌肸之下，祁午等皆諸侯之選也。」

388 和組父

襄三年。陳成公使袁僑如會求成。晉侯使和組父告于諸侯。

389 陳成公午

襄四年。三月己酉，陳侯午卒。注：前大夫盟雞澤。三月無己酉日，誤。傳：楚人將伐陳，聞喪乃止。七月葬，無傳。

390 無終子嘉父

襄四年。無終子嘉父使孟樂因魏莊子納虎豹之皮，以請和諸戎。

391 龙圉

襄四年。魏絳曰：「羿棄龙圉。」注：羿，賢臣。

392 后杼

襄四年。魏絳曰：「后杼滅豷于戈。」注：后杼，少康子。

393 陳桓子無宇

文子之子也。

襄六年。陳無宇獻萊宗器于襄宮。

襄廿四年。秋，齊侯聞將有晉師，使陳無宇從薳啓彊如楚，辭，且乞師。〔二〕楚子自棘澤還，使薳啓彊帥師送陳無宇。

襄廿八年。陳文子謂桓子曰：「禍將作矣，吾其何得？」對曰：「得慶氏之木百車于莊。」十月，慶封田于萊，陳無宇從。文子使召之，請曰：「無宇之母疾病。」慶季卜之，示之兆，曰：「死。」奉龜而泣，乃使歸。陳無宇濟水，而戕舟發梁。

〔二〕「如楚辭且」四字，手稿已殘缺。

襄廿九年。晏子因陳無宇以納政與邑。〔二〕

昭二年。四月，齊陳無宇送女，致少姜。少姜有寵于晉侯，謂陳無宇非卿，執諸中都。少姜爲之請，曰：「送從逆班」云云。叔向曰：「彼何罪」云云，「且少姜有辭。」冬十月，陳無宇歸。

昭三年。晏子復其舊宅，公弗許，因陳桓子以請，乃許之。

昭五年。晏子驟見罕虎。陳桓子問其故。

昭八年。子旗立子良之宰。子良氏之臣曰：「孺子長矣，而相吾室，欲兼我也。」授甲，將攻之。陳桓子善于子尾，亦授甲，將助之。子旗如陳氏。桓子將出矣，聞之而還，游服而逆之，請命。對曰：「聞彊氏授甲將攻子。子盍亦授甲，無宇請從。」子旗云云。桓子稽顙曰：「頃、靈福子，吾猶有望。」遂和之如初。

昭十年。齊惠欒、高氏皆耆酒，信内多怨，强于陳、鮑氏而惡之。夏，有告陳桓子曰：「子旗、子良將攻陳、鮑。」亦告鮑氏。桓子授甲而如鮑氏。遭子良醉而騁，遂見文子，則亦授甲矣。使視二子，則皆將飲酒。桓子曰：「彼雖不信，聞我授甲，則必逐我。及其飲酒也，先伐諸？」陳、鮑方睦，遂伐欒、高氏。五月庚辰，戰于稷，又敗諸莊云云。陳、鮑分其室。晏子謂桓子：「必致諸公！」桓子盡致諸公，而請老于莒。桓子召子山等云云。

慶　虎

襄七年。陳人患楚。慶虎、慶寅謂楚人曰：「吾使公子黄往，而執之。」從之。二慶告

〔二〕此下，傅山硃筆注：「昭二年以後事，見後，補書此下。」按青主之意，將其後部分移至此下。

陳侯于會，曰：「楚執公子黄矣。君若不來，羣臣不忍社稷宗廟」云云。陳侯逃歸。
襄廿年。慶虎等畏公子黄之偪，愬諸楚曰：「與蔡司馬同謀。」
襄廿三年。陳殺其大夫慶虎等。傳：慶氏以陳叛。屈建從陳侯圍陳。陳人城，板隊而殺人。役人相命，各殺其長，遂殺慶虎等。〔二〕君子謂慶氏：「不義，不可肆也。」

395 相　土　襄九年。士弱曰：「陶唐氏之火正閼伯居商丘。相土因之。」注：相土，契之孫，商之祖也。始代閼伯之後居商丘，祀大火。

396 秦堇父　襄十年。五月甲午，遂滅偪陽。傳：孟氏之臣秦堇父輦重如役云云。主人縣布，堇父登之，及堞而絶之。隊，則又縣之。蘇而復上者三，主人辭焉，乃退。帶其斷以徇于軍三日。師歸，孟獻子以秦堇父爲右。生秦丕茲，事仲尼。

397 堵女父　襄十年。堵女父等帥賊以入，晨攻執政于西宮之朝，殺子駟等，堵女父奔宋。
襄十五年。司城子罕以堵女父、尉翩與鄭，鄭人醢之。

398 齊析歸父　見「家」下

399 楚公子午　即子庚也，見「庚」下。

400 宋皇國父　襄十七年。宋皇國父爲太宰，爲平公築臺，妨于農收。子罕請俟農功之畢，公弗許。築者謳曰：「澤門之晳，實興我役」云云。

401 嘉　父　襄廿一年。欒盈奔楚。范宣子殺嘉父等。皆盈黨也。

402 羊舌虎　叔向弟。

---

〔二〕「殺」，手稿誤作「使」，據十三經注疏改。

襄廿一年。范宣子殺羊舌虎。初，叔向之母妒叔虎之母美而不使，其子皆諫其母。其母曰：「深山大澤，實生龍蛇。彼美，余懼其生龍蛇以禍汝，汝敝族也。國多大寵，不仁人間之，不亦難乎？余何愛焉？」使往視寢，生叔虎，美而有勇力，欒懷子嬖之，故羊舌氏之族及于難。范宣子殺之。

403 闋馬父　卽闋子馬也，〔一〕見「馬」下。

404 胥午　守曲沃大夫也。

襄廿三年。欒盈夜見胥午而告之。對曰：「不可。天之所廢，誰能興之」云云。盈曰：「因子而死，吾無悔矣。」許諾，伏之而觴曲沃，欒作，午言曰：「今也得欒孺子何如？」對曰：「得主而爲之死，猶不死也。」皆歎，有泣者。爵行，又言。

405 賈舉　同時三賈舉。〔二〕

襄廿五年。公鞭侍人賈舉，而又近之，乃爲崔子間公。夏五月甲戌，饗諸北郭，崔子稱疾，不視事。乙亥，公問崔子，遂從姜氏。姜入於室，與崔子自側戶出。公拊楹而歌。侍人賈舉止衆從者而入，〔三〕閉門。甲興，公登臺而請，弗許；請盟，弗許；請自刃于廟，弗許。皆曰：「君之臣杼疾病，不能聽命。近于公宮，陪臣干掫有淫者，不知二命。」公踰牆，又射之，中股，反隊，遂弑之。

406 賈舉　襄廿五年。崔杼弑莊公，賈舉等死。注：八子皆齊勇力之臣。與閉門侍人同姓名。

〔一〕「闋」，傅山全書初版本脫，據手稿補。
〔二〕「此句」，傅山全書初版本脫，據手稿補。
〔三〕「侍人」，手稿作「使人」，據十三經注疏改。

407 鐸父　襄廿五年。崔杼弒莊公，鐸父死。

408 祝佗父　襄廿五年。崔杼弒莊公，祝佗父祭于高唐，至，復命，不說弁而死于崔氏。

409 虞閼父　襄廿五年。子產獻捷于晉，晉問陳之罪。對：「昔虞閼父爲周陶正，以服事我先王」云云。

410 印堇父　襄廿六年。印堇父與皇頡戍城麇，楚人囚之，以獻於秦。鄭人取貨于印氏以請之。

411 伍　舉〔二〕　即椒舉。

襄廿六年。伍參子伍舉與聲子相善也。伍舉娶於王子牟。王子牟爲申公而亡，楚人曰：「伍舉實送之。」伍舉奔鄭，聲子遇之于鄭郊，班荆相與食，而言復故。聲子謂子木曰：「伍舉娶于子牟。」云云。懼而奔鄭，引領南望，曰：「庶幾赦余。」亦弗圖也。今在晉矣。晉人將與之縣，以比叔向云云。子木懼，言諸王，益其祿爵而復之。

昭元年。公子圍娶於公孫段氏。伍舉爲介。將以衆逆云云。伍舉知其有備也，請垂櫜而入。冬，楚公子圍將聘于鄭，伍舉爲介。未出境，聞王有疾而復。伍舉遂聘。使赴於鄭，伍舉問應爲後之辭焉，對曰：「寡大夫圍。」伍舉更之曰：「共王之子圍爲長。」

昭四年。使伍舉如晉求諸侯，伍舉致命曰：「日君有惠，賜盟于宋」云云。伍舉遂請昏，晉侯許之。

〔二〕「伍」，手稿爲「武」，據十三經注疏改。

六月丙午，〔一〕楚子合諸侯于申。伍舉言于楚子曰：「諸侯無歸，禮以爲歸，霸之濟否，在此會也」云云。王使伍舉侍於後以規過，卒事不規。王問其故，〔二〕對曰：「禮，未見者有六焉，又何以規？」宋太子佐後至，王田于武城，久而弗見。伍舉請辭焉。王使往，曰：「屬有宗祧之事於武城，寡君將墮幣焉，敢謝後見。」楚子示諸侯侈。伍舉曰：「夫六王、二公之事，皆所以示諸侯禮也。夏桀仍之會，有緡叛之」云云。八月，將戮慶封，伍舉曰：「臣聞無瑕者可以戮人。」滅賴。賴子面縛銜璧云云。王問伍舉，對曰：「成王克許，許僖公如是。王親釋其縛」云云。

昭九年。楚公子棄疾遷許于夷。伍舉授許男田。

412 石圃　襄廿八年。石惡出奔晉，衛人立其從子圃，以守石氏之祀，禮也。

哀十七年。公欲逐石圃，石圃因匠氏攻公。公閉門而請，弗許。

哀十八年。石圃逐其君起，衛侯輒自齊復歸，逐石圃，而復石魋與大叔儀。

413 展王父　襄廿九年。公享范獻子，射者三耦。公臣不足，取于家臣。家臣，展瑕、展王父爲一耦。

414 鄫鼓父　襄廿九年。射者三耦，公臣鄫鼓父、黨叔。

415 公孫楚　即子南也，見「南」下。〔三〕

---

〔一〕自「遂請昏」至「六月丙」，手稿已殘缺。

〔二〕自「在此會也」至「王問其」，手稿已殘缺。

〔三〕「公孫楚」條，傅山全書初版本脫，據手稿補。

416 申無宇　即芋尹無宇，昭七年事，補書。〔一〕襄卅年。申無宇曰：「王子必不免。善人，國之主也」云云。昭四年。楚子欲遷許于賴，使鬭韋龜、公子去疾城之而還。〔二〕申無宇曰：「楚禍之首將在此矣。召諸侯而來，伐國而克，城竟莫較，王心不違，民其居乎」云云。昭十一年。楚子滅蔡，用隱太子于岡山。申無宇曰：「不祥。五牲不相爲用。」楚子城陳、蔡、不羹。使棄疾爲蔡公。王問于申無宇云云。〔三〕

417 芋尹無宇　昭七年。楚子之爲令尹也，爲王旌以田。芋尹無宇斷之。及卽位，爲章華之宮，納亡人以實之。無宇之閽入焉，無宇執之，有司弗與，執而謁諸王，王將飲酒，無宇辭曰：「天子經略，諸侯正封，古之制也」云云。王曰：「取而臣以往。盜有寵，未可得也。」遂赦之。

418 泉丘女　昭十一年。「天有十日，人有十等」，在此傳中。

419 正考父　昭七年。孟僖子曰：「孔丘，聖人之後也。及正考父，佐戴、武、宣，三命茲益恭」云云。注：弗父何之曾孫。

420 孔　圉　查補上韻「圉」下寫。〔四〕

〔一〕此段，傅山全書初版本脱，據手稿補。
〔二〕「公子」上，傅山全書初版本衍一「與」字，據手稿删。「公子去疾」，十三經注疏作「公子棄疾」。
〔三〕「問于申無宇云云」七字，手稿已殘缺。
〔四〕「寫」字，傅山全書初版本誤作「字」，據手稿改。

421 狐父　昭十一年。晉人使狐父請蔡于楚，弗許。

422 成虎　即成熊。昭十二年。楚子謂成虎，若敖之餘也，遂殺。或譖成虎于楚子，成虎知之，而不能行。書曰：「楚殺大夫成虎，」懷寵也。

423 囂尹午　昭十二年。楚子狩于州來，次于潁尾，使囂尹午等圍徐。

424 析父　昭十二年。楚子次于乾谿。僕析父從。工尹路請云云。〔二〕王入視之。析父謂子革：「吾子，楚國之望也。今與王言若響，國其若之何？」

425 燮父　昭十二年。楚子曰：「昔我先王與燮父、禽父並事康王」云云。注：燮，唐叔子。禽，伯禽。

426 禽父　昭十二年。楚子曰：「昔我先王與燮父、禽父並事康王」云云。注：燮，唐叔子。禽，伯禽。

427 祭公謀父　昭十二年。祭公謀父作祈招之詩。

428 原伯魯　昭十八年。秋，葬曹平公。往者見周原伯魯焉，〔三〕與之語，不說學，歸以語閔子馬。閔子馬曰：「周其亂乎！」昭廿九年。三月己卯，京師殺原伯魯之子。

429 鄖陽封人　昭十九年。楚子之在蔡也，鄖陽封人之女奔之，生太子建。

〔二〕「工」，手稿爲「公」，據十三經注疏改。
〔三〕「見」字，手稿脫，據十三經注疏補。

之女 昭廿三年。楚太子建之母在郹，召吳人而啓之。冬十月甲申，吳諸樊入郹。

430 褚師圃 昭廿年。公孟惡褚師圃，故齊豹、褚師圃等作亂。八月辛亥，褚師圃等出奔晉。定九年。衛侯過中牟。中牟人欲伐之。褚師圃亡在中牟，曰：「衛雖小，其君在焉，未可勝也。齊師克城而驕，其帥又賤，邁，必敗之，不如從齊。」乃伐齊師，敗之。

431 宗魯 昭廿年。初，齊豹見宗魯于公孟，爲驂乘焉。將作亂，而謂之曰：「公孟之不善，子所知也，勿與乘，吾將殺之。」對曰：「吾由子事公孟，子假吾名焉，故不吾遠也。雖其不善，吾亦知之；抑以利故，不能去。今聞難而逃，是僭子也。子行事乎，吾將死之，以周事子；而歸死于公孟，其可也。」六月丙辰，公孟有事于蓋獲之門外，宗魯參乘。〔一〕及閎中，用戈擊公孟，宗魯以背蔽之，斷肱，殺之。琴張聞宗魯死，將往弔之，仲尼曰：「齊豹之盜，〔二〕孟縶之賊，何弔焉？君子不食姦，不受亂，不爲利疚于回，不以回待人，不蓋不義，不犯非禮。」

432 衛公南楚 昭二十年。公聞亂，乘，驅自閱門入。公南楚驂乘云云。齊氏射公，中南楚之背。

433 王子處 昭廿二年。單子使王子處守于王城。注：王子處，子猛黨，守王城，距子朝。

434 尹圉 昭廿三年。六月壬午，王子朝入于尹。癸未，〔三〕尹圉誘劉佗殺之。注：尹文公也。

435 季公甫 昭廿五年。季姒又訴于公甫，曰：「展與夜姑將要余。」注：公甫，平子弟也。

436 曹悼公午 昭廿七年。十月，曹伯午卒。無傳。注：未同盟而赴以名。

---

〔一〕「參」，十三經注疏作「驂」。

〔二〕「盜」字下，傅山全書初版本衍一「而」字，據手稿刪。

〔三〕「未」，手稿爲「午」，據十三經注疏改。

437 叔向之母　廿八年三月葬。無傳。六月而葬，緩。
昭廿八年。初，叔向欲娶于申公巫臣氏，其母欲娶其黨。叔向曰：「吾母多而庶鮮，吾懲舅氏矣。」其母曰：「子靈之妻殺三夫，一君、一子，而亡一國、兩卿矣，可無懲乎？吾聞之：甚美必有甚惡」云云。伯石始生，姑視之。及堂，聞其聲而還，曰：「是豺狼之聲也。狼子野心。非是，莫喪羊舌氏矣。」遂弗視。

438 子容之母　昭廿八年。叔向生伯石。伯石始生，子容之母走謁諸姑，曰：「長叔姒生男。」注：子容母，叔向嫂，伯華妻也。
以後見補姆本。

## 六解〔一〕

439 無　駭〔二〕　隱二年。無駭帥師入極。注：無駭，魯大夫。不書氏，未賜族。傳：司空無駭入極。費庈父勝之。
隱八年。冬，無駭卒，羽父請謚與族。〔三〕公問於衆仲云，命以字爲展氏。注：無駭，公子展之孫也。

440 公子買　卽䕺也，見「䕺」下。

441 楚少宰　宣十二年。邲之戰。楚少宰如晉師，曰：「寡君少遭閔凶，不能文。聞二先君之出入

〔一〕「六解」二字，爲編者所加。
〔二〕「無」字，手稿已殘缺。
〔三〕「羽父請」三字，手稿已殘缺。

此行也，將鄭是訓定，豈敢求罪于晉」云云。

442 王叔之宰　襄十年。王叔之宰與伯輿之大夫瑕禽訟于王庭。王叔之宰曰：「篳門閨竇之人而皆陵其上，其難爲上矣。」

443 石共子買〔一〕　襄十七年。石買、孫蒯取重丘。曹人愬於晉。

襄十八年。夏，晉人執石買于長子。爲曹故也。

襄十九年。〔二〕冬，石共子卒，悼子不哀。

444 公子買〔三〕　襄廿一年。齊侯復討公子牙之黨，執公子買于句瀆之丘。

## 七賄〔四〕

445 魯桓公軌　十八年。四月丙子，薨于齊。十二月己丑，葬。

446 甯跪　莊六年。衛侯朔入衛。放甯跪于秦。注：跪，衛大夫也。

447 祝跪　莊十九年。王奪祝跪等田，祝跪等作亂，奉子頹以伐王。

448 士蔿　晉大夫也。

莊廿三年。晉桓、莊之族逼，獻公患之。士蔿曰：「去富子，則羣公子可謀也已。」公曰：「爾試其事。」士蔿與羣公子謀，譖富子而去之。

〔一〕「石共子買」，傅山全書初版本作「石買共子」，據手稿改。

〔二〕「十九年」三字，手稿已殘缺。

〔三〕「公子買」三字，手稿已殘缺。

〔四〕「七」字爲編者所加。

莊廿四年。士蔿又與羣公子謀，使殺游氏之二子。士蔿告晉侯曰：「可矣，不過二年，君必無患。」

莊廿五年。士蔿使羣公子盡殺游氏之族，乃城聚而處之。冬，晉侯圍聚，盡殺羣公子。

莊廿六年。春，士蔿爲大司空。夏，士蔿城絳，以深其宫。

莊廿七年。晉侯將伐虢。士蔿曰：「不可。虢公驕，若驟得勝于我，必棄其民。無衆而後伐之，欲禦我，誰與」云云。

閔元年。晉爲太子城曲沃，士蔿曰：「大子不得立矣。分之都城，而位以卿，先爲之極，又焉得立？不如逃之」云云。

僖五年。初，晉侯使士蔿爲二公子築蒲與屈，不愼，寘薪焉。夷吾訴之。公使讓之，士蔿稽首而對曰：「無喪而慼，憂必讎焉，無戎而城，讎必保焉」云云，「君其修德而固宗子，何城如之？」退而賦曰：「狐裘尨茸，一國三公，吾誰適從？」

成十八年。晉悼公卽位。右行辛爲司空，〔二〕使修士蔿之法。

449 衛文公燬

僖十八年。冬，邢人、狄人伐衛，圍菟圃。衛侯以國讓父兄子弟及朝衆，曰：「苟能治之，燬請從焉。」衆不可，而後師于訾婁。狄師還。

僖廿五年。正月丙午。衛侯燬滅邢。傳：同姓也，故名。四月，衛侯燬卒。注：無傳。五同盟。正義曰：燬以元年卽位，四月盟于召陵，五年于首止，八年于洮，九年于葵丘，十五年于牡丘，皆魯，衛俱在，是五同盟也。秋葬。無傳。

〔二〕「空」字，手稿脱，據十三經注疏補。

450 蕩　虺　文十六年。宋文公卽位，華耦卒，使蕩虺爲司馬。注：虺，意諸之弟。

451 仲　虺　襄十四年。中行獻子曰：「仲虺有言曰：亡者侮之，亂者取之。」

452 魯宣公委　又名接，一作倭，文公子，母敬嬴。正義曰：以匡王五年卽位，歲在壽星。

十八年。十月壬戌，薨于路寢。

成元年。二月辛酉，葬。

453 石　癸　宣三年。公子蘭奔晉，石癸曰：「吾聞姬、姞耦，其子孫必蕃。姞，吉人也，后稷之元妃也。今公子蘭，姞甥也」云云。與孔將鉏、[一]侯宣多納之，盟于大宮而立之。

454 鮑　癸　宣十二年。邲之戰，樂伯左射馬，而右射人，角不能進，矢一而已。麇興于前，射麇麗龜。晉鮑癸當其後，使攝叔奉麇獻焉，曰：「以歲之非時，獻禽之未至，敢膳諸從者。」鮑癸止之，曰：「其左善射，右有辭，君子也。」既免。

455 申叔跪　成二年。申叔跪從其父，將適郢，遇屈巫，曰：「異哉！夫子有三軍之懼，而又有桑中之喜，宜將竊妻以逃者也。」

456 盧蒲癸　襄廿三年。齊伐衛。上之登御邢公，盧蒲癸爲右。

襄廿五年。崔杼弒君，盧蒲癸奔晉。注：公黨。

襄廿八年。慶封與慶舍政，使諸亡人得賊者，以告而反之，故反盧蒲癸。癸臣子之，有寵，妻之。慶舍之士謂盧蒲癸：「男女辨姓，子不辟宗，何也？」曰：「宗不辟余，余獨焉辟之？賦詩斷章，余取所求焉，惡識宗？」癸言王何而反之，二人皆嬖，

---

[一]「云云與孔將」五字，手稿已殘缺。

使執寢戈而先後之。盧蒲癸、王何卜攻慶氏，示子之兆，〔一〕曰：「或卜攻讎，敢獻其兆。」子之曰：「克，見血。」盧蒲姜謂癸曰：「有事而不我告，必不捷矣。」癸告之。十一月乙亥，嘗于太公之廟。盧蒲癸、王何執寢戈。子尾抽桷，擊扉三，盧蒲癸自後刺子之。

457 齊公孫蠆　高子尾〔二〕　襄廿八年。公膳，日雙雞云云。子雅、子尾怒。十一月乙亥，嘗于太公之廟。子尾抽桷，擊扉三。晏子弗受邶殿，子尾曰：「富，人之所欲也。何獨弗欲？」晏子云云。與子尾邑，受而稍致之。公以爲忠，故有寵。見祇韻。

458 叔孫虺　襄卅年。師曠曰：「是歲也，叔孫莊叔于是乎敗狄于鹹，〔三〕獲長狄僑如及虺也、豹也，而皆以名其子」云云。

459 仲虺　襄卅年。子皮曰：「仲虺之志云：亂者取之」云云。定公元年。薛宰曰：「仲虺居薛，以爲湯左相。」

460 孔虺　襄卅一年。孔虺出奔莒。注：閭丘嬰之黨。

461 蔡洧　昭十三年。蔡洧有寵于王，王之滅蔡也，其父死焉，王使與于守而行云云。蔡洧等，皆王所不禮也，因羣喪職之族作亂。

462 慮癸　昭十四年。南蒯之將叛也，盟費人。司徒老祁、慮癸僞廢疾，使請于南蒯曰：「臣願

〔一〕「示」字，傅山全書初版本誤作「亦」，據手稿改。
〔二〕「高」字，傅山全書初版本脫，據手稿補。
〔三〕「莊叔」二字，手稿已殘缺。

受盟而疾興。若以君靈不死，請待間而盟。」許之。二子因民之欲叛也，請朝衆而盟。遂劫南蒯曰：「羣臣不忘其君，畏子以及今，三年聽命矣。子若弗圖，費人不忍其君，將不能畏子矣。子何所不逞欲？請送子」云云。蒯奔齊。司徒老祁、慮癸來歸費，齊侯使鮑文子致之。

463 印　癸　卽殷之子子柳也，見「柳」下。

464 右行詭　昭廿二年。晉右行詭等濟師取前城。軍其東南。

465 終　纍　定六年。四月己丑，吳太子終纍敗楚舟師，獲潘子臣、小惟子及大夫七人。注：終纍，闔廬子，夫差兄。

466 甯　跪　哀四年。七月，齊陳乞、衞甯跪救范氏。庚午，圍五鹿。衞有兩甯跪。

467 酅魁壘　悼四年。荀瑶帥師圍鄭，門于桔柣之門。鄭人俘酅魁壘，賂之以知政，閉其口而死。

468 鄭子美　卽子產也。

五癸。四跪。莊、襄皆有甯跪，皆衞人。

五「虺」字，二則引商書。一軌。一蔿。一燬。一洧。一詭。一纍。一壘。一委。〔一〕

〔一〕自「五癸」至此，傅山全書初版本脫，據手稿補。

# 卷一百六十一　春秋人名韻（三）

## 上聲

### 八軫[一]

469 趙宣子盾　僖廿三年。公子以叔隗妻趙衰，生盾。文六年。晉蒐于夷，舍二軍。使狐射姑將中軍，趙盾佐之。陽處父黨趙氏，且謂趙盾能，曰：「使能，國之利也。」是以上之。宣子于是始爲國政，制事典，正法罪，辟刑獄，董逋逃，由質要，治舊洿，本秩禮，續常職，出滯淹。既成，以授太傅陽子、大師賈佗，以爲常法。文六年。晉襄公卒。靈公少，趙盾曰：「立公子雍。好善而長，先君愛之，且近于秦」云云。使先蔑、士會如秦逆公子雍。十一月，賈季奔狄。宣子使臾駢送其帑。文七年。宣子患穆嬴，背先蔑而立靈公，禦秦師。趙盾將中軍，及堇陰。宣子曰：「我若受秦，秦則賓也；不受，寇也」云云。四月戊子，敗秦師于令狐。公告狄侵于晉，趙盾使因賈季問酆舒，[二]且讓之。酆舒問賈季，對曰：「趙盾，夏日之日也。」八

[一]「上聲」「八」三字，爲編者所加。

[二]「趙盾」二字，傅山全書初版本脫，據手稿删。

月，諸侯會趙盾盟于扈，晉侯立故也。郤缺言于宣子：「日衛不睦」云云。宣子說之。八年。春，歸匡、戚之田于衛，且復致公壻池之封，自申至于虎牢之所。冬，襄仲會趙盾于衡雍。

文九年。公子遂會趙盾等救鄭。卿不書，緩也，以懲不恪。

文十二年。晉人禦秦，趙盾將中軍。

文十三年。趙盾曰：「隨會在秦，賈季在狄，難日至矣。」

文十四年。〔一〕六月，盟于新城。傳：從于楚者服，且謀邾也。趙盾以諸侯之師八百乘納捷菑于邾，邾人辭曰：「齊出貜且長。」宣子曰：「辭順，而弗從，不祥。」乃還。周公閱與王孫蘇訟于晉云云。宣子平王室而復之。

宣元年。楚子侵陳宋。晉趙盾帥師救陳。〔二〕冬，晉人伐鄭，以報北林之役。于是乎晉侯侈，〔三〕趙宣子爲政，驟諫而不入，故不競于楚。

宣二年。秦師圍焦。〔四〕趙盾救焦，遂自陰地，及諸侯之師侵鄭，〔五〕以報大棘之役。鬭椒救鄭，趙盾曰：「彼宗競于楚，殆將斃矣，姑益其疾。」乃去之。靈公不君，宰夫胹熊蹯不熟，殺之。趙盾見其手，士季曰：「諫而不入，則莫之繼也。會請先，不入，則

〔一〕「四」，手稿爲「五」，據十三經注疏改。
〔二〕「陳」下，傅山全書初版本衍一「宋」字，據手稿删。
〔三〕「乎」字，傅山全書初版本脱，據手稿補。
〔四〕「師」，傅山全書初版本誤作「逐」，據手稿改。
〔五〕「侯之師」三字，手稿已殘缺。

子繼之」云云。宣子驟諫，公患之，使鉏麑賊之。麑觸槐而死。九月，晉侯飲盾酒，〔一〕伏甲，將攻之。右提彌明扶之下，公嗾獒。盾曰：「棄人用犬，雖猛何爲！」乙丑，趙穿攻公于桃園。趙盾未出山而復，太史書曰：「趙盾弒其君。」宣子曰：「不然。」對曰：「子爲正卿，亡不越竟，返不討賊，非子而誰？」趙盾曰：「烏乎！我之懷矣」云云。孔子曰：「趙盾，古之良大夫也，爲法受惡，〔二〕越竟乃免。」宣子使穿逆公子黑臀于周而立之。冬，趙盾爲旄車之族。注：旄車，公行之官。盾當爲公族，辟屏季故，更掌旄車。〔三〕

宣六年。〔四〕春，趙盾、衛孫免侵陳。

注：下軍之佐原軫也。

470 先軫

僖廿七年。楚子圍宋，宋告急。先軫曰：「報施、救患，取威、定霸，于是乎在矣。」作三軍，命趙衰爲卿，讓于欒枝、先軫。使欒枝將下軍，先軫佐之。

僖廿八年。二月，郤穀卒。先軫將中軍。

僖廿八年。先軫曰：「使宋舍我而賂齊、秦，我執曹君，而分曹、衛之田以賜宋人。楚愛曹、衛，必不許也。喜賂、怒頑，能無戰乎？」先軫曰：「楚一言而定三國，我一言而亡之。我則無禮，何以戰乎？」楚師馳，先軫、郤溱以中軍公族橫擊之。

〔一〕「晉」字，手稿已殘缺。
〔二〕「法受」二字，手稿已殘缺。
〔三〕「更掌旄車」四字，手稿已殘缺。
〔四〕「宣」字，手稿已殘缺。

僖卅三年。先軫曰：「秦違蹇叔，而以貪勤民，天奉我也」云云，「必伐秦師！」欒枝曰：「未報秦施，而伐其師，其爲死君乎？」先軫曰：「秦不哀吾喪，而伐吾同姓，秦則無禮，何施之爲」云云。遂發命，遽興姜戎。四月辛巳，敗秦師于殽，獲百里孟明視、西乞術、白乙丙以歸。文嬴請三帥。公許之。先軫朝，問秦囚。公曰：「夫人請之」云云。先軫怒，曰：「武夫力而拘諸原，婦人暫而免諸國，墮軍實而長寇讎，亡無日矣！」不顧而唾。秋八月，晉人敗狄于箕。先軫曰：「匹夫逞志于君，而無討，敢不自討乎？」免胄入狄師，死焉。狄人歸其元，面如生。文二年。傳：箕之役，先軫黜狼瞫。

471 欒　盾　文十二年。秦伯伐晉。晉人禦之。欒盾將下軍。注：欒枝子，代先蔑。

472 箴　尹　宣四年。箴尹克黄。見「黄」下。

473 沈　尹　宣十二年。邲之戰，楚沈尹將中軍。注：沈或作寢。

成七年。子重、子反殺子閻等，使沈尹與王子罷分子蕩之室。不私其名。〔一〕

474 莊　堇　昭廿一年。華氏赭丘之戰。子禄御公子城，莊堇爲右。

475 中廐尹　卽陽會繆也，見「繆」下。

476 楚昭王軫　哀六年。七月庚寅，楚子軫卒。注：未同盟而赴以名。傳：秋七月，楚子在城父，將救陳。卜戰，不吉；卜退，不吉。王曰：「然則死也。再敗楚師，不如死；棄盟、逃讎，亦不如死。死一也，其死讎乎！」命公子申爲王，不可；則命公子結，亦不

〔一〕自「王子罷」至此，手稿已殘缺。

可；則命公子啟，五辭而後許。將戰，王有疾。庚寅，昭王攻大冥，卒于城父。

477 工　尹　由于。〔一〕哀十八年。

478 寢　尹　遠固。哀十八年。

479 宋大尹　哀廿六年。宋六卿三族降聽政，因大尹以達。大尹常不告，而以其欲稱君命以令。國人惡之。司城樂茷欲去大尹，左師靈不緩曰：「縱之，使盈其罪。重而無基，能無敝乎？」十月，公游于空澤。辛巳，卒于連中。大尹興空澤之士千甲，奉公自空桐入如沃宮，使召六子，曰：「聞下有師，君請六子畫。」六子至，以甲劫之曰：「君有疾病，請二三子盟。」乃盟于少寢之庭，曰：「無爲公室不利！」大尹立啟，奉喪殯于大宮，三日而後國人知之。司城茷使宣言于國曰：「大尹惑蠱其君，而專其利，今君無疾而死，死又匿之，是無他矣，大尹之罪也。」得夢啟北首云云。大尹謀曰：「我不在盟，無乃逐我？復盟之乎！」使祝爲載書。六子在唐盂，將盟之。祝襄以載書告皇非我。皇非我因子潞、門尹得、左師謀曰：「民與我，逐之乎！」皆歸授甲，使狗于國曰：「大尹惑蠱其君，以陵虐公室，與我者，救君者也。」衆曰：「與之！」大尹狗曰：「戴氏、皇氏將不利公室，與我者，無憂不富。」衆曰：「無別！」戴氏、皇氏欲伐公啟，樂得曰：「不可。彼以陵公有罪；我伐公，則甚焉。」使國人施于大尹，

〔一〕「工尹」與下之「寢伊」，杜注工尹固，寢尹由于。傅山改此，不知系筆誤，抑或有據。

大尹奉啟以奔楚，乃立得。司城爲上卿。

480 囂　尹　午　昭十二年。〔一〕

481 藍　尹

482 蒍　尹

二盾。二軫。六尹。一董。〔二〕

## 九旱　十產〔三〕

483 杜　原　款　僖四年。申生奔新城。公殺傅杜原款。

484 陳世子款　僖七年。七月，陳世子款等盟于甯母。

僖八年。王人會陳世子款等盟于洮。

僖廿八年。陳侯如會。無傳。注：陳本與楚，楚敗，懼而屬晉，來不及盟，故曰「如會」。六月，陳侯款卒。無傳。四同盟。正義曰：款以十三年即位，十五年盟牡丘，十九年于齊，廿一年于薄，廿七年于宋。魯、陳俱在，是四同盟也。

485 韓　簡　晉大夫韓萬之孫也。

僖十五年。九月，晉侯逆秦師，使韓簡視師。復曰：「師少于我，鬭士倍我。」公曰：

〔一〕「昭」，手稿爲「哀」，據十三經注疏改。

〔二〕此八字，傅山全書初版本脱，據手稿補。

〔三〕「九」「十」爲編者所加。

「何故？」對曰：「出因其資，入用其寵，饑食其粟，三施而無報，是以來也。今又擊之，我怠、秦奮，倍猶未也。」遂使請戰，韓簡退曰：「吾幸而得囚。」〔二〕九月壬戌，戰于韓原。梁由靡御韓簡，虢射爲右，輅秦伯，將止之。慶鄭以救公誤之，失秦伯。及惠公在秦，曰：「先君若從史蘇之占，吾不及此夫！」韓簡侍，曰：「龜，象也；筮，數也。物生而後有象，象而後有滋，滋而後有數。先君之敗德，及可數乎？史蘇是占，勿從何益？詩曰：下民之孽，匪降自天。僔沓背憎，職競由人。」

486 王孫滿　僖卅三年。秦師過周北門，左右免冑而下，王孫滿尚幼，觀之，言于王曰：「秦師輕而無禮，必敗。輕則寡謀，無禮則脫。入險而脫，又不能謀，能無敗乎？」宣三年。楚子伐陸渾之戎，遂至于雒，觀兵于周疆。定王使王孫滿勞楚子。楚子問鼎之大小、輕重焉。對曰：「在德不在鼎」云云。

487 鄭公子曼滿　宣六年。鄭公子曼滿與王子伯廖語，欲爲卿。伯廖曰：「無德而貪，其在周易豐之離，弗過之矣。」間一歲，鄭人殺之。

488 子反　側也，見「側」下。

489 鄭丘緩　成二年。鞌之戰，解張御郤克，鄭丘緩爲右，郤克傷于矢，鄭丘緩曰：「自始合，苟有險，余必下推車，子豈識之？然子病矣！」

490 醫緩　成十年。晉侯求醫于秦。秦使醫緩爲之。未至，公夢疾爲二豎子，曰：「彼，良醫也，懼傷我，焉逃之？」其一曰：「居肓之上，膏之下，若我何？」醫至，曰：「疾不可

〔二〕「而」字，傅山全書初版本脫，據手稿補。

爲也」云云。公曰：「良醫也。」厚爲之禮而歸之。

491 北燕伯款

昭三年。冬，北燕伯款出奔齊。傳：燕簡公多嬖寵，欲去諸大夫而立其寵人。冬，燕大夫比以殺公之外嬖。公懼，奔齊。書曰「北燕伯款」，罪之也。昭六年。十二月，齊侯遂伐北燕，將納簡公。晏子曰：「不入。燕有君矣，民不貳。吾君賄，左右諂諛，作大事不以信，未嘗可也。」昭十二年。春，高偃納北燕伯款于陽。傳：納于唐，因其衆也。

492 祝款

昭十六年。鄭大旱，使祝款等有事于桑山。斬其木，不雨。子產曰：「有事于山，蓺山林也；而斬其木，其罪大矣。」奪官邑。

493 裔款

齊嬖大夫也。昭二十年。齊侯疥，遂痁，期而不瘳。諸侯之賓問疾者多在，梁丘據與裔款言于公曰：「吾事鬼神豐，于先君有加矣」云云，「君盍誅于祝固、史嚚以辭賓？」

494 樂輓

子罕之孫也。昭廿二年。宋公使樂輓爲大司寇。

495 司馬眅

哀四年。楚左司馬眅、申公壽餘、葉公諸梁致蔡于負函，致方城之外于繒關，曰：「吳將泝江入郢，將奔命焉。」爲一昔之期，襲梁及霍。單浮餘圍蠻氏，司馬起豐、析與狄戎，以臨上雒。使謂陰地之大夫士蔑云云。〔一〕司馬致邑立宗焉，以誘其遺民，而盡俘以歸。詳士蔑下。

---

〔一〕「云云」上，傅山全書初版本衍一「曰」，據手稿删。

496 游　販　子明也。襄廿二年。十二月，鄭游販將如晉，未出境，遭逆妻者，奪之，以館于邑。丁巳，其夫攻子明，殺之，以其妻行。子展廢良（良卽販之子）〔二〕而立大叔，曰：「國卿，君之貳也，民之主也，不可以苟。請舍子明之類。」求亡妻者，使復其所。使游氏勿怨，曰：「無昭惡也。」殺國卿不償命。而又使復其所，君子之于刑，不護短如此。〔二〕

497 皇　緩　哀十八年。春，宋殺皇瑗。使皇緩爲右師。注：皇瑗從子。哀廿六年。皇緩爲右師。〔三〕

## 十一銑〔四〕

498 陳太子免　桓五年。陳侯鮑卒。陳亂，文公子佗殺太子免而代之。

499 公子偃　莊十年。六月，齊師、宋師次于郎。公子偃曰：「宋師不整，可敗也。宋敗，齊必還。請擊之。」公弗許。自雩門竊出，蒙皐比而先犯之。公從之。大敗宋師于乘丘。齊師乃還。注：公子偃，魯大夫也。

500 卜　偃　閔元年。卜偃曰：「畢萬之後必大。萬，盈數也，魏，大名也，以是始賞，天啓之矣。」注：卜偃，晉掌卜大夫。

〔一〕傅山注「良卽販之子」五字，傅山全書初版本脱，據手稿補。
〔二〕自「殺國卿」至此，爲傅山評語，傅山全書初版本脱，據手稿補。
〔三〕此下，傅山全書初版本尚有「靈不緩」一條，現存手稿無，故删。
〔四〕「十一」二字，手稿無，爲編者所加。

僖二年。虢公敗戎于桑田。〔二〕卜偃曰：「虢必亡矣。亡下陽不懼，而又有功，是天奪之鑒，而益其疾也。不可以五稔」云云。

僖五年。八月甲午，晉侯圍上陽。問于卜偃曰：「濟乎？」對曰：「克之。」公曰：「何時？」對曰：「童謠云：『丙之晨，龍尾伏辰；均服振振，取虢之旂。鶉之奔奔，天策焞焞，火中成軍，虢公其奔。』其九月、十月之交乎！丙子旦，日在尾，月在策，鶉火中，必是時也。」

僖十四年。八月辛卯，沙鹿崩。卜偃曰：「期年將有大咎，幾亡國。」

僖廿三年。懷公殺狐突。卜偃稱疾不出，曰：「周書有之：『乃大明服。』己則不明，而殺人以逞，不亦難乎？民不見德，而唯戮是聞，其何後之有？」

僖廿五年。將納王。卜偃卜之，曰：「吉。遇黃帝戰于阪泉之兆。」公曰：「筮之！」遇大有之睽。

僖卅二年。晉文公殯于曲沃。出絳，柩有聲如牛。卜偃使大夫拜，曰：「君命大事；將有西師過軼我，擊之，必大捷。」

## 501 狐　偃

僖廿三年。狐突之子毛及偃從重耳在秦。重耳奔狄。從者狐偃等。重耳出于五鹿，乞食于野人，野人與之塊。公子怒。子犯曰：「天賜也。」稽首受而載之。及齊，姜氏與子犯謀，醉而遺之。醒，以戈逐子犯。秦伯享公子。子犯曰：「吾不如衰之文也，請使衰從。」

---

〔二〕「虢」，手稿誤作「虞」，據十三經注疏改。

僖廿四年。秦伯納重耳。及河，子犯以璧授公子，曰：「臣負羈紲從君巡于天下，臣罪多矣，臣猶知之，而況君乎？請由此亡。」公子曰：「所不與舅氏同心者，有如白水！」投其璧于河。二月辛丑，狐偃及秦、晉之大夫盟于郇。

僖廿五年。秦伯師于河上，將納王。狐偃言于晉侯曰：「求諸侯，莫如勤王。今爲可矣。」

僖廿七年。宋告急于晉，狐偃：〔一〕「楚始得曹，而新婚于衛，若伐曹、衛，楚必救之，則齊、宋免矣。」作三軍，使狐偃將上軍，讓于狐毛，而佐之。晉侯始入而教其民，二年，〔二〕欲用之。子犯曰：「民未知義，未安其居。」于是乎出定襄王，入務利民，民懷生矣。將用之。子犯曰：「民未知信，未宣其用。」于是乎伐原以示之信。民易資者，不求豐焉，明徵其辭。公曰：「可矣乎？」子犯曰：「民未知禮，未生其共。」于是乎大蒐以示禮，作執秩以正其官。民聽不惑，而後用之。出穀戍，釋宋圍，一戰而霸，〔三〕文之教也。〔四〕注：文德之教也。

僖廿八年。子犯曰：「子玉無禮哉！君取一，臣取二，不可失矣。」晉師退。軍史曰：〔五〕「以君避臣，辱也」云云。子犯曰：「師直爲壯，屈爲老，豈在久乎？微楚之

---

〔一〕「狐偃」下，傅山全書初版本衍一「曰」字，據手稿删。

〔二〕「二」，手稿爲「三」，據十三經注疏改。

〔三〕自「未知禮」至「圍一」，手稿已殘缺。

〔四〕「教」，傅山全書初版本誤作「故」，據手稿改。

〔五〕自「不可失」至「軍史」，手稿已殘缺。

惠不及此，退三舍避之，所以報也。」楚師背酅而舍，輿人之誦曰：「原田每每」云云。公疑焉。子犯曰：「戰也！戰而捷，必得諸侯。若其不捷，表裏山河，必無害也。」晉侯夢與楚子搏，伏己而鹽其腦，子犯曰：「吉。我得天，楚伏其罪，吾且柔之矣。」楚師馳，狐毛、狐偃以上軍夾攻子西，楚左師潰。

僖廿九年。盟翟泉，狐偃等不書。傳：卿不書，罪之也。在禮，卿不會公侯。

僖卅年。子犯請擊。秦公曰：「不可。」

502 公子歂犬　僖廿八年。衛侯先期入。公子歂犬、華仲前驅，叔武捉髮出，前驅射而殺之。注：衛大夫也。歂犬走出，公使殺之。

503 醫衍　僖卅年。晉侯使醫衍酖衛侯。甯俞貨醫，使薄其酖。

504 陳轅選　文二年。冬，先且居及陳轅選等伐秦，〔二〕取汪及彭衙而還。報彭衙之役。卿不書，爲穆公故，尊秦也，謂之崇德。

505 檮戭　文十八年。高陽氏子檮戭，〔三〕八愷。

506 孫免　宣六年。春，晉趙盾、衛孫免侵陳。

507 許偃　宣十二年。邲之戰，楚許偃御右廣。

成十二年。五月，士燮會楚公子罷、許偃。癸亥，盟于宋西門之外。

508 申叔展　楚大夫也。

〔二〕「先且居」，手稿爲「先居且」，據十三經注疏改。

〔三〕「子」字上，傅山全書初版本衍一「才」字，據手稿删。

509 南郭偃　宣十二年。還無社與司馬卯言，號申叔展。叔展曰：「有麥麴乎」云云。明日，蕭潰。申叔視其井，〔一〕則茅絰存焉，號而出之。又詳還無社下。

宣十七年。齊侯使南郭偃等會。及斂盂，〔二〕高固逃歸。夏，會于斷道，討貳也。盟于卷楚，辭齊人。晉人執南郭偃于溫。〔三〕

宣十八年。春，齊侯會晉侯于繒，以公子彊爲質。晉師還。南郭偃等逃歸。

510 鄭公子偃　穆公子子游也，見「游」下。

511 魯公子偃　成十六年。十二月乙酉，刺公子偃。宣伯通于穆姜，欲去季、〔四〕孟而取其室。公將行，穆姜逆公，而使逐二子。公以晉難告，姜怒，公子偃、公子鉏趨過，指而示之曰：「女不可，是皆君也。」十二月，季孫及郤犨盟于扈。歸，刺公子偃。

512 荀偃　中行獻子也，見「游」下。〔五〕

513 士華免　成十八年。齊侯使士華免以戈殺國佐于内宮之朝。師逃于夫人之宮。

514 籍偃　成十八年。晉悼公卽位，鐸遏寇爲上軍尉，籍偃爲之司馬。注：偃，籍談父也。爲上軍司馬。

---

〔一〕「其」字上，手稿衍一「視」字，據十三經注疏刪。
〔二〕「斂」，手稿爲「歛」，據十三經注疏改。
〔三〕「晉人」二字，傅山全書初版本脫，據手稿補。
〔四〕「去」字，手稿脫，據十三經注疏補。
〔五〕「見」，傅山全書初版本誤作「卽」，據手稿改。

襄廿一年。范宣子囚籍偃，〔一〕欒盈黨也。

515 鄭子展　襄八年。子罕之子，公孫舍之也，見舍之下。

516 衛子展　襄十四年。四月己未，子展奔齊。注：獻公弟也。臧紇唁衛侯。子展、子鮮聞之，見臧紇，與之言，道。□曰：〔二〕「衛君必入，二子者，或輓之，或推之。」

517 宛射犬　襄廿四年。晉侯使張骼、輔躒致楚師，求御于鄭。鄭人卜宛射犬，吉。子大叔戒之云云。對曰：「無有衆寡，其上一也。」二子在幄，坐射犬于外。既食，而後食之。使御廣車而行，已皆乘乘車。將及楚師，而後從之乘，皆踞轉而鼓琴。近，不告而馳之。皆取冑於橐而冑，入壘，皆下，搏人以投，收禽挾囚。弗待而出。皆超乘，抽弓而射。既免，復踞轉而鼓琴，曰：「公孫！同乘，兄弟也，胡再不謀？」對曰：「曩者志入而已，今則怯也。」皆笑，曰：「公孫之亟也！」

518 東郭偃　襄廿五年。齊棠之妻，東郭偃之姊也。東郭偃臣崔武子。棠公死，偃御武子以弔焉。見棠姜而美之，使偃取之。（以下缺）〔三〕與棠無咎相崔氏。九月庚辰，崔成等殺東郭偃于崔氏之朝。□詳棠無咎下。

519 僕展　襄卅年。僕展從伯有，與之皆死。注：伯有黨也。

520 莒展　展即展輿也，見「輿」下。

521 豐卷　子張也。

〔一〕「囚」，手稿爲「殺」，據十三經注疏改。
〔二〕「曰」字上，手稿有一字殘缺，傅山全書初版本脫，據手稿補。
〔三〕此下手稿有殘缺。

襄卅年。豐卷將祭，請田焉。弗許。子張怒，退而徵役。子產奔晉，子皮止之，而逐豐卷。豐卷奔晉。

522 高偃　昭十二年。春，齊高偃納北燕伯于唐，因其衆也。

523 駟偃　見子游下，收後琰韻。

524 公思展　季氏族也。

昭廿五年。公鳥死，季公亥與公思展、公鳥之臣申夜姑相其室。季姒訴于公甫曰：「展與夜姑將要余。」平子拘展于卞。

525 左師展　昭廿五年。公徒將殺昭子，左師展告公。公使昭子自鑄歸。左師展將以公乘馬而歸，公徒執之。注：左師展，魯大夫，欲與公俱輕歸。

526 公衍　昭廿九年。公賜公衍羔裘，使獻龍輔于齊侯，遂入羔裘。齊侯喜，與之陽穀。公衍、公爲之生也，其母偕出。公衍先生。公爲之母曰：「相與偕出，請相與偕告」云云。公私喜于陽穀，而思于魯，曰：「務人爲此禍也」云云。以公衍爲太子。

定元年。叔孫不敢，使告子家曰：「公衍、公爲實使羣臣不得事君。」

## 十二篠　十三巧〔一〕

527 陳侯鮑桓公　桓五年。春，正月甲戌、己丑，陳侯鮑卒。注：未同盟而赴，以名。甲戌，前年十二

〔一〕「十二」「十三」，爲編者所加。

月二十一日。己丑，此年正月六日。陳亂，再赴。〔二〕赴雖曰異。而皆以正月起文故。但書正月，愼疑審事，故從赴兩書。夏，葬陳桓公。無傳。

528 仲孫湫　閔元年。冬，齊仲孫湫來省難。見平聲眞韻「孫」下。注：音子小反。

529 秦穆公任好　文六年。秦伯任好卒。殉三良。君子是以知秦之不復東征也。經不書。

530 宋文公鮑　文十六年。宋公子鮑禮於國人。宋饑，竭其粟而貸之。年自七十以上，無不饋詒也云云。公子鮑美而艷，襄夫人欲通之，而不可，乃助之施。昭公無道，國人奉鮑以因夫人。

宣元年。荀林父伐宋。宋文公受盟于晉。

成二年。八月壬午，宋公鮑卒。注：未同盟而赴，以名。傳：宋文公卒，始厚葬，用蜃炭，益車馬，始用殉，重器備。椁有四阿，棺有翰、檜。君子謂華元、樂舉「于是乎不臣」云云。

成三年。二月乙亥，葬。無傳。七月而葬緩。

531 狂狡　宣二年。大棘之戰，宋狂狡輅鄭人。鄭人入于井，倒戟而出之，獲狂狡。君子曰：「失禮違命，宜其爲禽也。」不知如何呆老。

532 秦伯稻　宣四年。春，秦伯稻卒。無傳，未同盟。

533 唐狡　宣十二年。邲之戰，楚子使唐狡與蔡鳩居告唐惠侯曰：「不穀不德而貪，以遇大敵」

〔二〕「再」字上，傅山全書初版本衍一「故」字，據手稿删。

云云。

534 連尹襄老 宣十二年。邲之戰。知莊子射連尹襄老，獲之，遂載其尸。成二年。曰：〔一〕「王以夏姬予連尹襄老。」襄老死於邲，不獲其尸。成三年。晉人歸連尹襄老之尸于楚，以求知罃。

535 司馬卯 楚大夫也。宣十二年。楚師伐蕭。還無社與司馬卯言云云。見「社」下。「卯」。〔二〕

536 張老〔三〕 成十八年。晉悼公即位。張老爲候奄。襄三年。魏絳授僕人書，將伏劍，士魴、張老止之。反役，張老爲中軍司馬。注：代魏絳也。

537 史狡 襄十年。王叔陳生怒而出奔。及河，王復之，殺史狡以說焉。

538 庶長鮑 襄十一年。秦庶長鮑等帥師伐晉以救鄭。鮑先入，士魴禦之。秦晉戰于櫟。晉師敗績，易秦故也。

539 叔老 聲伯之子。子叔齊子也。襄十四年春，叔老會吳于向。襄廿二年。七月辛酉，叔老卒。

〔一〕「曰」字，傅山全書初版本脫，據手稿補。

〔二〕「卯」字，傅山全書初版本脫，據手稿補。

〔三〕「張老」與此下「史狡」「庶長鮑」「叔老」「史趙」五條，現存手稿無，未知傅山全書初版本何據。或許當年有手稿亦未可知，故仍保留於此。

540 史　趙

襄卅年。史趙曰：「亥有二首六身，下二如身，是其日數也。」季武子曰：「晉未可媮也。有史趙、師曠而咨度焉」云云。

昭八年。子大叔如晉，賀虒祁，史趙曰：「甚哉其相蒙也。可弔也，而又賀之。」

昭八年。晉侯問於史趙曰：「陳其遂亡乎？」對曰：「未也。陳，顓頊之族也，歲在鶉火，是以卒滅。陳將如之。今在析木之津，猶將復由。且陳氏得政于齊，而後陳卒亡」云云。

昭十一年。九月，葬齊歸，公不慼。晉士之送葬者，歸以語史趙。史趙曰：「必爲魯郊。」侍者曰：「何故？」曰：「歸，姓也。不思親，祖不歸也。」

哀九年。晉趙鞅卜救鄭，遇水適火，占諸史趙等。史趙曰：「是謂如川之滿，不可游也。鄭方有罪，不可救也。救鄭則不吉，不知其他。」

541 長魚矯〔二〕

成十七年。郤犨與長魚矯爭田，執而梏之，與其父母妻子同一轅。矯亦嬖于厲公。十二月壬午，胥童、夷羊五帥甲八百將攻郤氏，長魚矯請無用衆。三郤將謀于榭，矯以戈殺駒伯、苦成叔。公曰：「一朝而尸三卿，余不忍益也。」對曰：「人將忍君。臣聞亂在外爲姦，在内爲軌。御姦以德，御軌以刑。不施而殺，不可謂德；臣偪而不討，不可謂刑。德、刑不立，姦、軌並至，臣請行。」遂出奔狄。〔三〕

542 原伯絞

昭十二年。周原伯絞虐，其輿臣使曹逃。冬十月壬申，朔，原輿人逐絞，而立公子跪

〔二〕「長魚矯」，手稿缺，據下文補。

〔三〕自「壬午」至此，現存手稿已殘缺。

尋。絞奔郊。

543 叔仲穆子小　叔仲帶之子也。昭十二年。南蒯謂子仲：（子仲是公子憖也）〔一〕「吾出季氏」云云。南蒯語叔仲穆子，且告之故。季悼子之卒也，叔孫昭子（婼也）〔二〕以再命爲卿。及平子伐莒，克之，更受三命，叔仲子欲構二家，謂平子曰：「三命踰父兄，非禮也。」平子曰：「然。」故使昭子。昭子朝，而命吏曰：「將與季氏訟。」季孫懼，而歸罪於叔仲子。故叔仲小等謀季氏。平子欲使昭子逐叔仲小。小聞之，不敢朝。昭子命吏謂小待政于朝，曰：「吾不爲怨府。」

三命。注：平子克莒，以功加三命。昭子不伐莒，亦以例加爲三命。使謂使昭子自貶黜。謚法：布儉執義曰穆。

544 季公鳥　昭廿五年。初，季公鳥娶妻于鮑文子，生甲。注：公鳥，季公若之兄也。甲，一作申。

545 公何藐　定五年。陽虎殺公何藐。音彌小反，又入聲。

546 左史老　哀十七年，大師子穀曰：〔三〕「右領差車與左史老皆相令尹、司馬以伐陳，其可使也。」子高曰：「臣懼右領與左史有二俘之賤而無其令德也。」

---

〔一〕括號內傅山的小注，傅山全書初版本脫，據手稿補。

〔二〕「婼也」二字是傅山小注，傅山全書初版本脫，據手稿補。

〔三〕「大師子穀」，手稿爲「太史子高」，據十三經注疏改。

547 優　狡　哀廿五年。〔一〕衞公輒使優狡盟拳彌。

四狡。三鮑。四老。一小。〔二〕

## 十四咎〔三〕

548 魏　顆　宣十五年。見結草老人下。

549 郲　子　瑣　莊廿八年。四月丁未，郲子瑣卒。無傳。注：未同盟而赴以名。

550 李　果　見羊舌大夫注。

551 許昭公錫我　宣十七年。正月庚子，許男錫我卒。無傳。注：再與文同盟。正義曰：錫我以文六年卽位，七年盟于扈。十四年于新城，魯、許俱在，是再同盟也。夏，葬許昭公，無傳。

552 史　顆　成十一年。秦、晉將會於令狐。晉侯先至焉。秦伯不肯涉河，次於王城。使史顆盟晉侯於河東云云。秦伯歸而背晉成。

553 郲　畀　我　襄廿三年。夏，郲畀我來奔。注：無傳。畀我是庶其之黨。正義：劉炫規杜云，庶其奔魯三年，若是其黨，郲人卽應討之。何因至今始奔。庶其以邑奔魯，魯人還以賜

〔一〕「五」，手稿爲「四」，據十三經注疏改。
〔二〕以上八字，傅山全書初版本脱，據手稿補。
〔三〕「十四」二字，爲編者所加。

之。昇我不得彼邑，竊邑之狀，復何在焉云云。

554 楊食我　叔向子，伯石也，見「石」下。昭廿八年，晉殺之。

555 公果　公爲之弟也。昭廿五年。公若與公爲謀去季氏。公爲告公果、公賁。公果、公賁侍人僚柤告公。公寢，將以戈擊之。乃走。公果自言。

556 昇我　定四年。楚子取其妹季羋、昇我以出，涉睢。注：世族譜：季羋、昇我，皆平王女也。

557 子我　卽闞止也，見「止」下。

558 皇非我　哀十七年。初，子仲將以杞姒之子非我爲子。哀廿六年。皇非我爲大司馬云云。皇非我等謀逐大尹。見「大尹」下。

六五。二顆。一果。一瑣。〔一〕

## 十五馬　十六者〔二〕

559 蔿賈（一賈）〔三〕伯嬴，孫叔敖之父也。

---

〔一〕以上八字，傅山全書初版本脫，據手稿補。

〔二〕「十五」「十六」，手稿無，爲編者所加。

〔三〕「一賈」二字，傅山全書初版本脫，據手稿補。

僖廿七年。子玉復治兵于蒍，〔一〕終日而畢云云。國老皆賀子文。蒍賈尚幼，後至，不賀。子文問之。對曰：「不知所賀。子之傳政于子玉，曰：『以靖國也。』靖諸内而敗諸外，所獲幾何」云云。「子玉剛而無禮，不可以治民，過三百乘，其不能以入矣。苟入而賀，何後之有？」

文十六年。楚人謀徙于阪高。蒍賈曰：「不可。我能往，寇亦能往，不如伐庸。夫麇與百濮，謂我饑不能師，故伐我。若我出師，必懼而歸。百濮離居，將各走其邑，誰暇謀人？」乃出師。旬有五日，百濮乃罷。

宣元年。秋，賈蒍救鄭，遇于北林，囚晉解揚。

宣四年。鬬般爲令尹，〔二〕子越爲司馬。蒍賈爲工正，譖子揚而殺之，子越爲令尹，己爲司馬。子越又惡之，乃以若敖氏之族，圄伯嬴于轑陽而殺之。注：伯嬴，蒍賈也。

560 洩冶

宣九年。陳靈公、孔寧、儀行父通夏姬。洩冶諫曰：「公卿宣淫，民無效焉。且聞不令。君其納之！」公告二子。二子請殺之，公弗禁，遂殺之。

561 齊頃公無野

（野一）〔三〕成九年。七月丙子，齊侯無野卒。無傳。注：五同盟。丙子六月一日書，七月從赴。正義曰：無野以宣十年即位，成三年及國佐盟于袁婁。〔四〕又盟于蜀。五年于蟲牢，七年于馬陵，此年于蒲。皆魯齊俱在，是五同盟也。十一月，葬。無傳。

---

〔一〕「蒍」，傅山全書初版本誤作「爲」，據手稿改。

〔二〕「般」，手稿作「班」，據十三經注疏改。

〔三〕傅山小注「野一」，傅山全書初版本脫，據手稿補。

〔四〕「三」，手稿爲「二」，據十三經注疏改。「成」，傅山全書初版本脫，據手稿補。

562 臧　賈（二賈）〔一〕襄十七年。高厚圍臧紇于防。師自陽關逆臧孫，至于旅松。郰叔紇、臧疇、臧賈帥甲三百，宵犯齊師，送之而復。

襄廿三年。初，臧宣叔娶于鑄，生賈及爲。紇立。臧賈、臧爲出在鑄，武仲自邾使告臧賈，且致大蔡焉。賈曰：「是家之禍也，非子之過也，賈聞命矣。」再拜受龜，使爲以納請。

563 公孫夏　襄廿二年。子產對晉曰：「湨梁之明年，公孫夏從寡君以朝于君，見于嘗酎，與執燔焉。」

564 閔子馬　襄廿三年。季氏以公鉏爲馬正，慍而不出。閔子馬見之，曰：「子無然。爲人子者，患不孝，不患無所。敬共父命，何常之有，若能孝敬，富倍季氏可也。姦回不軌，禍倍下民可也。」公鉏然之。

昭十八年。原伯魯不說學，閔子馬曰：「周其亂乎！夫必多有是說，而後及其大人。大人患失而惑，又曰：『可以無學，無學不害。』不害而不學，則苟而可，于是乎下陵上替，能無亂乎？夫學，殖也。不學將落，原氏其亡乎！」

昭廿二年。叔鞅至自京師，言王室之亂也。〔二〕閔馬父曰：「子朝必不克，其所與者，〔三〕天所廢也。」

---

〔一〕傳山小注「二賈」，傳山全書初版本脫，據手稿補。

〔二〕「昭廿二年」至此，手稿已殘缺。

〔三〕「所與者」三字，手稿已殘缺。

565 齊公孫竈 子雅

昭廿六年，閔馬父聞子朝之辭。曰：「文辭以行禮也。子朝干景之命，遠晉之大，以專其志，無禮甚矣，文辭何爲？」〔一〕

襄廿八年。公膳日雙鷄，饔人竊更之以鶩。御者知之，則去其肉，而以其洎饋。子雅、子尾怒云云。與子雅邑，辭多受少。

襄廿九年。公孫竈等放高止于北燕。

昭二年。韓宣子如齊納幣。見子雅。子雅召子旗，便見宣子。（以下缺）〔二〕

566 齊公子賈

（三賈）〔三〕襄廿八年。崔氏之亂，喪羣公子。賈在句瀆之丘。及慶氏亡，皆召之，具其器用，而反其邑。

567 公　冶

襄廿九年。季武子取卞，使公冶問，璽書追而與之，曰：「聞守卞者將叛，臣帥徒以討之，既得之矣。敢告。」公冶致使而退，及舍，而後聞取卞。公曰：「欲之而言叛，祇見疏也。」公問公冶曰：〔四〕「吾可以入乎？」對曰：「君實有國，誰敢違君？」公與公冶冕服。固辭，强之而後受。五月，公至自楚。公冶致其邑于季氏，而終不入焉。曰：「欺其君，何必使余？」季孫見之，則言季氏如他日。不見，則終不言季氏。及疾，聚其臣，曰：「我死，必無以冕服斂，非德賞也。且無使季氏葬我。」注：公冶，季氏屬大夫。

---

〔一〕手稿自「昭十八年」至此，與前閔子馬事分置兩處，按傅山後文之意，合在一起。
〔二〕「昭二年」條，傅山全書初版本脫，據手稿補。
〔三〕傅山小注「三賈」，傅山全書初版本脫，據手稿補。
〔四〕「問」，傅山全書初版本誤作「謂」，據手稿改。

公治明白人，可敬，可敬。

568 子　野　（野二）〔一〕襄公子。

襄卅一年。〔二〕九月癸巳，子野卒。傳：立胡女敬歸之子子野，次于季氏。秋九月癸巳卒，毀也。

569 工　僂灑　襄卅一年。工僂灑等出奔莒。注：閭丘嬰之黨。

莊十七年，有工婁氏。

襄十九年，有工僂會。

570 平　夏　昭元年。楚公子圍殺幕及平夏。注：皆郟敖子。

571 長　鬣者　昭七年。楚子享公於新臺，使長鬣者相。注：鬣，須也。欲先誇魯侯。正義曰：吳楚之人少須，故選長鬣者相也。

昭十七年，吳公子光使長鬣者三人潛伏於舟側，曰：「我呼餘皇，則對。師夜從之。」三呼，皆迭對。楚人從而殺之。楚師亂，取餘皇以歸。注：「多髭鬚，與吳人異形狀，詐爲楚人。」

572 囊　瓦　子常也，見「常」下。

573 郈　魴假　昭廿五年。臧會奔郈，郈魴假使爲賈正焉。注：郈邑大夫也。

574 女　賈　（四賈）〔三〕昭廿六年。申豐從女賈，以幣錦二兩，縛一如瑱，適齊師。注：女賈，季

〔一〕傅山小注「野二」，傅山全書初版本脫，據手稿補。

〔二〕「一」字，手稿脫，據十三經注疏補。

〔三〕傅山小注「四賈」，傅山全書初版本脫，據手稿補。

575 齊國夏惠子

氏家臣。「女」字不知當何音？〔一〕

定四年。會召陵。

定七年。夏，國夏帥師伐我西鄙。

定八年。夏，國夏、高張伐我西鄙。士鞅等救我。

哀三年。春，齊國夏、衞石曼姑帥師圍戚。注：爲子圍父。

哀四年。十二月，國夏伐晉，取邢、任、欒、鄗、逆時、陰人、盂、壺口，會鮮虞，納荀寅于柏人。

哀五年。齊景公疾，使國惠子、高昭子立荼。

哀六年。夏，國夏來奔。傳：陳乞等以甲入于公宮。高昭子與惠子乘如公。戰于莊，敗。國人追，國夏奔莒，遂及高張等來奔。

576 王孫賈

（五賈）〔二〕定五年。楚子入于郢，賞王孫賈等。齊策有王孫賈，殺綽齒者。

（前缺）在蔡，何如？」對曰：「鄭莊公城櫟而寘子元焉，使昭公不立。齊桓公城穀而寘□□焉。至于今賴之。臣聞五大不在邊，五細不在庭。親在外，羈不在內。今棄疾在外，鄭丹在內。君其少戒」云云。〔三〕

577 漚菅者

哀八年。〔四〕吳伐我。從武城。初，武城人或有因于吳竟田焉，拘鄫人之漚菅者，曰：

〔一〕此句七字，傅山全書初版本脫，據手稿補。

〔二〕傅山小注「五賈」，傅山全書初版本脫，據手稿補。

〔三〕自「在蔡」至此，傅山全書初版本脫，手稿似從散頁挖補於此，事在昭公十一年，實與王孫賈無關，暫且置於此。

〔四〕「哀」，手稿爲「定」，據十三經注疏改。

「何故使吾水滋？」及吳師至，拘者道之以伐武城，克之。

578 公孫夏　哀十一年。公會吳伐齊。桑掩胥御國子。公孫夏曰：「二子必死。」將戰，公孫夏命其徒歌虞殯，戰于艾陵。大敗齊師。獲公孫夏。死士。

579 東郭賈　（七賈）〔一〕即大陸子方也，見「方」下。

580 皇野　司馬子仲也。哀十四年。宋公告皇野曰：「余長魋也，今將禍余，請即救。」司馬子仲曰：「有臣不順，神之所惡也，而況人乎？敢不承命。不得左師不可，請以君命召之。」以乘車往，曰：「迹人來告曰：『逢澤有介麇焉。』公曰：『雖魋未來，得左師，吾與之田，若何？』君憚告子，野曰：『嘗私焉。』君欲速，故以乘車逆子。」與之乘，至，公告之故，拜，不能起。司馬子仲曰：「君與之言。」公曰：「所難子者，上有天，下有先君。」對曰：「魋之不共，宋之禍也，敢不唯命是聽。」司馬請瑞焉，以命其徒攻桓氏。哀十七年。初，子仲將以杞姒之子非我爲子。麇曰：「必立伯也，是良材。」子仲怒，弗從，故對曰：「右師則老矣，不識麇也。」

581 載祏者　哀十六年。孔悝使貳車反祏于西圃。子伯季子追之，遇載祏者，殺而乘其車。

582 釁夏　知禮。〔二〕哀廿四年。公子荊之母嬖，將以爲夫人，使宗人釁夏獻其禮。對曰：「無

〔一〕傅山小注「七賈」，傅山全書初版本脫，據手稿補。
〔二〕「知禮」二字，傅山全書初版本脫，據手稿補。

之。」公怒曰：「女爲宗司，立夫人，國之大禮，何故無之？」對曰：「周公及武公娶于薛，孝、惠娶于商，自桓以下娶于齊，此禮也則有。若以妾爲夫人，則固無其禮也。」荆，哀公庶子也。

七賈。五夏。鄭齊兩公孫夏。二治。三野。三者。

雅，灑，馬，瓦，假各一。

「釁夏」可對「宛春」。

「閔子馬」重書，抄時合之。

杜注：「楚使長鬣者相。曰：吳楚之人少鬚。」注。「長鬣者伏于舟側。曰：與吳人異形狀，詐爲楚人。」又似吳無多鬚者，而楚有之。〔一〕

〔一〕以上自「七賈」至「各一」，自「閔子馬重書」至此，傅山全書初版本脱，據手稿改。

# 卷一百六十二　春秋人名韻（四）

## 去聲[一]

### 一宋[二]

583 祭仲　隱元年。祭仲曰：「都，城過百雉，國之害也。先王之制：大都，不過三國之一；[三]中，五之一；小，九之一。今京不度，非制也，君將不堪。」隱三年。四月，鄭祭仲帥師取温之麥。秋，又取成周之禾。周、鄭交惡。隱五年。四月，鄭人侵衛牧邑。以報東門之役。衛人以燕師伐鄭，鄭祭足、原繁等以三軍軍其前。桓五年，鄭伯禦王，祭仲足爲左拒。王卒大敗。夜，鄭伯使祭足勞王，且問左右。桓十一年。九月，宋執祭仲。傳：初，鄭昭公之伐北戎也，齊人將妻之。昭公辭。祭仲曰：[三]「必取之，君多内寵，三公子皆君也」云云。弗從。鄭莊公卒。初，祭封人仲足有寵于莊公，莊公使爲卿。爲公娶鄧曼，生昭公。故祭仲立之。宋雍氏誘祭仲而執

[一]「去聲」「一」三字，手稿無，爲編者所加。
[二]「三」，傅山全書初版本作「參」，據手稿改。
[三]「曰」字，手稿無，據十三經注疏補。

之，曰：「不立突，將死。」祭仲與宋人盟，以厲公歸而立之。

桓十五年。〔一〕祭仲專，鄭伯患之，使其壻雍糾殺之。祭仲殺雍糾。

桓十八年。齊人殺子亹，祭仲逆鄭子儀于陳而立之。是行也，祭仲知之，故稱疾不往。人曰：「祭仲以知免。」仲曰：「信也。」

584 衆仲

隱四年。公問于衆仲曰：「州吁其成乎？」對曰：「臣聞以德和民，不聞以亂。以亂，猶治絲而棼之也。州吁，阻兵而安忍」云云，「必不免矣。」注：衆仲，魯大夫。

隱五年。九月，考仲子之宮，將萬焉。公問羽數于衆仲。對曰：「天子用八，諸侯用六，大夫三，士二，夫舞，所以節八音而行八風，故自八以下。」公從之。於是初獻六羽，始用六佾也。

隱八年。冬，齊侯使來告成三國，宋、衞、鄭也。公使衆仲對曰：「君釋三國之圖，以鳩其民，君之惠也」云云。無駭卒。公問族于衆仲。對曰：「天子建德，因生以賜姓，胙之土而命之氏。諸侯以字爲氏，因以爲族。官有世功，則有官族。邑亦如之。」公命以字爲展氏。

585 虢仲

桓八年。冬，王命虢仲立晉哀之弟緡于晉。注：卽林父也。

桓九年。秋，虢仲、芮伯等伐曲沃。

桓十年，虢仲譖其大夫詹父於王。詹父有辭，以王師伐虢。虢公出奔虞。

586 屈重

莊四年。楚武王卒于樠木之下。令尹鬬祁、莫敖屈重除道梁溠，營軍臨隨，隨人行成。

〔一〕「五」，手稿爲「四」，據十三經注疏改。

莫敖以王命入盟隨侯，且請爲會于漢汭而還，濟漢而後發喪。

587 臧文仲　辰也。見「辰」下。

588 陳敬仲　完也。

莊廿二年。陳厲公，蔡出也。故蔡人殺五父而立之。生敬仲。其少也，周史筮之，遇觀之否。又見「完」下。

589 原仲　莊廿七年。季友如陳葬原仲。原仲，季友之舊也。注：原仲，陳大夫。原，氏。仲，字。

590 共仲　見慶父下。

591 轅宣仲　即濤塗也。

592 管仲　見夷五下。

593 東門襄仲　即公子遂也。見□□。〔一〕

594 季仲　文十八年。高辛才子八元，季仲。

595 華仲　僖廿八年。公子歂犬、華仲射殺叔武。注：衞大夫也。

596 鄭公子宋　即子公也，見「公」下。

597 楚嬰齊子重〔二〕　莊王之弟也。

宣十一年。左尹子重侵宋。王待諸鄖。子重將左。

〔一〕「見□□」，傅山全書初版本脫，據手稿補。

〔二〕「楚嬰齊子重」，傅山全書初版本作「楚子重嬰齊」，據手稿改。

成二年。魯、衛受盟于晉，從伐齊。故楚令尹子重爲陽橋之役以救齊。將起師，子重曰：〔二〕「君弱，羣臣不如先大夫，師衆而後可」云云。乃大戶，已責，逮鰥，救乏，赦罪。悉師。王卒盡行。十一月，公及楚公子嬰齊等盟蜀。卿不書，匱盟也。

成六年。楚嬰齊伐鄭。

成七年。秋，楚公子嬰齊帥師伐鄭。傳：子重伐鄭，師于氾。諸侯救鄭。鄭共仲、侯羽軍楚師，囚鄖公鍾儀。楚圍宋之役。注：宣十四年，師還，子重請取于申、呂以爲賞田。巫臣曰：「不可。」乃止。子重怨巫臣云云。及共王卽位，子重、子反殺巫臣之族子閻、子蕩等，子重取子閻之室。吳始伐楚，伐巢，伐徐，子重奔命。馬陵之會，吳入州來，子重自鄭奔命。

成九年。晉人執鄭伯睔。楚子重侵陳以救鄭。十一月，子重自陳伐莒，圍渠丘。戊申，入渠丘。

成十一年。宋華元善于令尹子重。合晉、楚之成。

成十六年。鄢陵之戰。令尹子重將左，楚子登巢車，以望晉軍。子重使太宰伯州犂待于王後。欒鍼見子重之旌，請攝飲焉。公許之。使行人執榼承飲，造于子重。子重：「夫子嘗與吾言于楚，必是故也。不亦識乎？」受而飲之。免使者而復鼓。楚師還，及瑕，子重使謂子反曰：「初隕師徒者，而亦聞之矣。」

成十七年。公會尹子等伐鄭。子重救鄭，師于首止。諸侯還。

〔二〕「曰」字，傅山全書初版本無，據手稿補。

成十八年。十一月，子重救彭城，伐宋。

襄二年，楚公子申多受小國之賂，以逼子重、子辛。

襄三年。子重伐吳，爲簡之師。克鳩茲，至于衡山云云。其能免者，組甲八十、被練三百而已。子重歸，君子謂「子重于是役也，所獲不如所亡」。楚人以是咎子重。子重病之，遂遇心疾而卒。

598 鄭共仲 成七年，鄭共仲、侯羽軍楚師，囚鍾儀。

599 吳子壽夢 卽乘也。

成七年。巫臣請使于吳，吳子壽夢說之。乃通吳于晉。

襄十年。會吳于柤，會吳子壽夢也。

襄十二年。秋九月，吳子壽夢卒，臨于周廟，禮也。凡諸侯之喪，異姓臨于外，同姓于宗廟，同宗于祖廟，同族于禰廟。是故魯爲諸姬，臨于周廟，爲邢、凡、蔣、茅、胙、祭，臨于周公之廟。

600 臧武仲 紇也。

成十八年始見，見「紇」下。

601 公巫召伯仲 襄廿九年。公享范獻子，射者三耦。公臣、公巫召伯仲、顏莊叔爲一耦。注不解。公巫召伯仲等句讀下，[一]有顏莊叔，則「顏」似人姓，上當至于「仲」止，若上當止于「召伯」，則「仲」字連下「顏」字，讀不通。

〔一〕「讀」字，傅山全書初版本脫，據手稿補。

602 高敬仲　卽傒也。

603 公子子仲　慭也。見「慭」下。

604 越大夫壽夢　昭廿四年。楚爲舟師以略吳墟，〔一〕越公子倉及壽夢帥師從王，王及圉陽而還。注：王歸行及圉陽，倉與壽夢還歸于越也。

605 定公宋　襄公之子，昭公之弟。謚法：安民大慮曰定。元年。六月戊辰，卽位。注：定公不得以正月卽位，失其時。故詳而日之，記事之宜，無義例。夏，叔孫成子使告子家子，曰：「若公子宋主社稷，則羣臣之願也。喪及壞隤，公子宋先入。六月癸亥，公之喪至自乾侯。戊辰，公卽位。十五年。五月辛亥，郊。壬申，公薨于高寢。〔二〕

606 司馬子仲　卽皇野也，見「野」下。

607 郭重　哀廿五年。六月，公至自越。季子、孟武伯逆于五梧。郭重僕，見二子，曰：「惡言多矣，君請盡之。」公宴于五梧，武伯爲祝，惡郭重，曰：「何肥也？」季孫曰：「請飲彘也！以魯國之密邇仇讎，臣是以不獲從君，克免于大行，又謂重也肥？」魯有郭氏。

〔一〕「墟」，十三經注疏作「疆」，傅山全書初版本改作「疆」，但未加注。

〔二〕「高寢」二字，手稿已殘缺。

608 南　季　隱九年。天王使南季來聘。無傳。注：天子大夫也。南，氏。季，字也。〔二〕

609 蔡　季　桓十七年。〔三〕蔡桓侯卒。蔡人召蔡季于陳。秋，蔡季自陳歸于蔡，蔡人嘉之也。注：桓侯無子，故召季而立之。季内得國人之望，外有諸侯之盟，故書字以善得衆，稱歸以明外納。

610 紀　季　莊三年。秋，紀季以酅入于齊，紀于是乎始判。注：紀季，紀侯弟。酅，紀邑。齊欲滅紀，故季以邑入齊爲附庸。先祀不廢，社稷有奉，故書字貴之。

611 成　季　見「友」下。

612 徒人費　莊八年。齊侯游于姑棼，遂田于貝丘云云。反，誅屨于徒人費。弗得，鞭之，見血。走出，遇賊于門。劫而束之。費曰：「我奚御哉？」袒而示之背。信之。費請先入。伏公而出，鬬，死于門中。

613 泠　至　僖十年。冬，秦伯使泠至報、問，且召呂甥等三子。

614 鍼　季　莊卅二年。季友使鍼季酖叔牙。注：鍼巫氏，魯大夫也。

615 司空季子　即胥臣。

臼季　僖廿三年。重耳奔狄。從者五人，司空季子等。見前「臣」下。

〔一〕「二」「三」，手稿無，爲編者所加。
〔二〕「字」，手稿爲「子」，據十三經注疏改。
〔三〕「七」，手稿爲「八」，據十三經注疏改。

616 禮　至　僖廿四年。衛人將伐邢，禮至曰：「不得其守，國不可得也。我請昆弟仕焉。」乃往，得仕。

僖廿五年。衛伐邢，二禮從國子巡城，掖以赴外，殺之。禮至爲銘曰：「余掖殺國子，莫余敢止。」

617 熊　摯　僖廿六年。夔子對楚曰：「我先王熊摯有疾，鬼神弗赦，而自竄于夔，吾是以失楚。」注：熊摯，楚嫡子，有疾不得嗣位，故列封爲夔子。

618 榮　季　即榮黄也，見僖廿八年「黄」下。

619 王官無地　文二年。秦、晉彭衙之戰，王官無地御戎，狐鞫居爲右，秦師敗績。

620 夏父弗忌　文二年。八月丁卯，躋僖公，逆祀也。于是夏父弗忌爲宗伯，尊僖公，且明見曰：「吾見新鬼大，故鬼小。先大後小，順也。躋聖賢，明也。明、順，禮也。」君子以爲失禮。

621 賈　季　即狐射姑也。見「姑」下。

622 華　御　事　文七年。宋華御事爲司寇。注：華元之父也。

文十年。冬，楚子及蔡侯次于厥貉，將以伐宋。宋華御事曰：〔二〕「楚欲弱我也」云云。乃逆楚子，勞且聽命。遂道以田孟諸。

623 隨季士季　即會也。

624 彘　季　即先縠也，見「縠」下。

〔二〕「宋」「曰」二字，手稿無，此據十三經注疏補。

625 知季

卽荀首也，見「首」下。

626 石制

子服也。

宣十二年。邲之戰，鄭石制實入楚師，將以分鄭，而立公子魚臣。辛未，鄭殺僕叔及子服。君子曰：「史佚所謂『毋怙亂』者，謂是亂也。」

627 郤至

注：克之族也。正義曰：世本：郤豹生冀芮，芮生缺，缺生克。又云豹生義，義生步揚，揚生蒲城鵲居，居生至。如世本，克是豹之曾孫，至是豹之玄孫，于克爲二從兄弟子也。

成二年。屈巫因郤至，以臣于晉。

成十一年。郤至與周爭鄇田，王命劉康公、單襄公訟諸晉。郤至曰：「温，吾故也，故不敢失。」劉子、單子曰：「昔周克商，使諸侯撫封，蘇忿生以温爲司寇，與檀伯達封于河。蘇氏卽狄，又不能于狄而奔衛。襄王勞文公而賜之温，狐氏、陽氏先處之，而後及子。若治其故，則王官之邑也。」晉侯使郤至勿敢爭。

成十二年。郤至如楚聘，且涖盟。楚子享之，子反相，爲地室而懸焉。郤至將登，金奏作于下，驚而走出。子反曰：「日雲暮矣，寡君須矣，吾子其入也！」賓曰：「君不忘先君之好，施及下臣，貺之以大禮，重之以備樂。如天之福，兩君相見，何以代此？下臣不敢。」子反曰：「如天之福，兩君相見，無亦唯是一矢以相加遺，焉用樂？寡君須矣，君子其入也！」賓曰：「若讓之以一矢，禍之大者，其何福之爲？世之治也，諸侯間于天子之事，則相朝也，于是乎有享、宴之禮。享以訓共儉，宴以示慈惠。共儉以行禮，而慈惠以布政。政以禮成，民是以息。百官承事，朝而不夕，此公侯之所以扞城其民也。故詩曰：『赳赳武夫，公侯干城。』及其亂也，諸侯貪冒，侵欲不忌，爭尋常以盡其民，略其武夫，以爲己腹心、股肱、爪牙。故詩曰：『赳赳武夫，公侯腹心。』天下有道，則公侯能爲民干城，而制其腹心。亂則反之。今吾子之言，亂之道也，不可以爲法。然吾子，主也，至敢不從？」遂入，卒事。

成十三□。秦、晉麻隧之戰，趙旃將新軍，郤至佐之。

成十六年。鄢陵之戰，郤至佐新軍。六月，遇于鄢陵，范文子不欲戰。郤至曰：「韓之戰，惠公不振旅；箕之役，先軫不反命；邲之師，荀伯不復從，皆晉之恥也」云云。欒書曰：「楚師輕窕，固壘而待之，三日必退，退而擊之，必勝矣。」郤至曰：「楚有六間，不可失也。其二卿相惡，王卒以舊，鄭陳而不整，蠻軍而不陳，陳不違晦，在陳而嚻，合而加嚻。各顧其後，莫有鬬心，舊不必良，以犯天忌，我必克之。」郤至三遇楚子之卒，見楚子，必下，免胄而趨風。楚子使工尹襄問之以弓云云。郤至見客，免胄承命，曰：「君之外臣至從寡君之戎車，以君之靈，問蒙甲胄，不敢拜命。敢告不寧，君命之辱。」三肅使者而退。郤至從鄭伯，右茀翰胡曰「諜輅之」云云。郤至曰：「傷國君有刑。」亦止。十二月，晉侯使郤至獻捷于周，與單襄公語，驟稱其伐。單子語諸大夫曰：「温季其亡乎！位于七人之下，而求掩其上」云云。

成十七年。欒書怨郤至，以其不從己而敗楚師也，欲廢之。使楚公子茷告公曰：「此戰也，郤至實召寡君」云云，「君盍嘗使諸周而察之？」郤至聘于周，欒書使孫周見之。公使覘之，信。遂怨郤至。厲公田，與婦人先殺而飲酒，後使大夫殺。郤至奉豕，寺人孟張奪之，郤至射而奪之。公曰：「季子欺余！」厲公將作難，胥童曰：「必先三郤」云云。郤氏聞之，郤錡欲攻公，郤至曰：「人所以立，信、知、勇也。信不叛君，知不害民，勇不作亂」云云，「待命而已。」壬午，胥童、夷羊五、〔二〕長魚矯等攻郤氏，殺駒伯錡、苦成叔犨于其位。温季曰：〔三〕「逃威也。」遂趨。矯及諸其車，以戈殺之，尸諸朝。

628 鄭悼公費　成六年。六月壬申，鄭伯費卒。注：前年同盟于蟲牢。傳：春，鄭伯如晉拜成，子游相，授玉于東楹之東。士貞伯曰：「鄭伯其死乎！自棄也已。視流而行速，不安其位，宜不能久。」

629 清尹弗忌　成七年。子重等殺清尹弗忌及黑要，而分其室，子反取黑要與清尹之室。

630 郤　毅　郤至之弟也。

成十三年。秦、晉麻隧之戰。郤毅御戎，欒鍼爲右。

成十六年。鄢陵之戰，步毅御晉厲公。

631 欒　裔　成十五年。宋二司寇向爲人、鱗朱奔楚。華元使欒裔爲司寇。

632 欒弗忌　成十五年。晉三郤害伯宗，譖而殺之，及欒弗忌。注：晉賢大夫也。

633 步　毅　即郤毅也。

634 温　季　即郤至也。

635 韓穆子無　厥之子也。

〔二〕「羊」，手稿作「陽」，此據十三經注疏。

〔三〕「温季」上，手稿尚有「郤至」二字，此據十三經注疏。

忌　成十八年。晉悼公即位。韓無忌爲公族大夫。
襄七年。十月，韓獻子告老，公族穆子有廢疾，將立之。辭曰：「詩曰『豈不夙夜？謂行多露。』又曰：『弗躬弗親，庶民弗信。』無忌不才，讓，其可乎？請立起也。與田蘇游，而曰好仁」云云。晉侯謂韓無忌仁，使掌公族大夫。

636 楚公子何忌　襄三年。冬，楚公子何忌侵陳，陳叛故也。

637 后羿　襄四年。魏絳曰：「有窮后羿」云云，「歸自田，家衆殺亨之。」
昭廿八年。伯封貪惏無饜，有窮后羿滅之。

638 豷　襄四年。魏絳曰：「浞因羿室，生澆及豷；處豷于戈。」后杼滅豷于戈。〔一〕
哀元年。伍員曰：「少康使季杼誘豷。」

639 樂轡　襄六年。宋華弱與樂轡少相狎，長相優，又相謗也。子蕩怒，以弓梏華弱于朝。宋平公逐弱。司城子罕曰：「同罪異罰，非刑也。專戮于朝，罪孰大焉？」亦逐子蕩。子蕩射子罕之門，曰：「幾日而不我從！」子罕善之如初。

640 鄭子駟　襄十年。卽騑也。

641 庶長無地　襄十一年。冬，秦庶長鮑、庶長無地帥師伐晉以救鄭。鮑先入晉地，士魴禦之。壬午，武濟自輔氏，與鮑交伐晉師。
襄十二年。冬，子囊、秦庶長無地伐宋，師于楊梁，以報晉之取鄭也。

---

〔一〕此句六字，傅山全書初版本脫，據手稿補。

可對「公孫有山」。

642 傅摯 襄廿三年。齊伐衛。申驅，成秩御莒恆，申鮮虞之傅摯爲右。

643 芮女棄 襄廿六年。初，宋芮司徒生女子，赤而毛，棄諸堤下，共姬之妾取以入，名之曰棄，長而美。平公入夕，共姬與之食。公見棄也，而視之，尤。姬納諸禦，嬖生佐，惡而婉。

644 惠牆伊戾 襄廿六年。宋寺人惠牆伊戾爲太子座內師而無寵。秋，楚客過宋。太子請野享之，公使往。伊戾請從之。公曰：「夫不惡汝乎？」對曰：「小人之事君子也，惡之不敢遠，好之不敢近，敬以待命，敢有貳心乎？縱有共其外，莫共其內，臣請往也。」遣之。至，則欿，用牲，加書，徵之，而聘告公，曰：「太子將爲亂，卽與楚客盟矣」云云。太子死。公徐聞其無罪也，乃烹伊戾。

645 申麗 襄廿六年。聲子謂子木曰：「晉敗申、息之師于桑隧，獲申麗而還。」注：在成六年。

646 公孫無地 襄廿七年。甯喜專，公患之，公孫免餘乃與公孫無地、公孫臣謀，使攻甯氏，弗克，皆死。

647 慶嗣 封之族也。襄廿八年。慶嗣謂子家：「速歸，禍作必于嘗，歸猶可及也。」子家弗聽。子息曰：「亡矣！幸而獲在吳、越。」

648 儋季 靈王弟也。襄卅年。初，王儋季卒，其子括將見王，而歎。

649 劉　毅　襄卅年。劉毅等殺王子佞夫。

650 伯　戲　昭三年。晏子曰：「伯戲等其相胡公、大姬已在齊矣。」注：皆陳氏之先也。

651 孟懿子何忌　魯人，患陽虎矣。〔一〕

昭七年。孟僖子曰：「必屬說與何忌于夫子，使事之，而學禮焉。」故孟懿子師事仲尼。

昭十一年。泉丘人女奔僖子，生懿子及敬叔。

昭廿五年。九月戊戌，伐季氏，公使郈孫逆孟懿子。

昭廿七年。孟懿子、陽虎伐鄆。注：欲奪公也。

昭卅二年。冬，仲孫何忌會晉韓不信等城成周。傳：孟懿子會城成周，庚寅栽。

定三年。仲孫何忌及邾子盟于拔。傳：盟于郯，修邾好也。

定六年。夏，季孫斯、仲孫何忌如晉。傳：陽虎强使孟懿子往報夫人之幣，晉人兼享之。孟孫立于房外，謂范獻子曰：「陽虎若不能居魯，而息肩于晉，所不以爲中軍司馬者，有如先君！」獻子謂簡子曰：「魯人患陽虎矣。孟孫知其釁，以爲必適晉，故强爲之請，以取入焉。」冬，季孫斯、仲孫忌帥師圍鄆。無傳。注：何忌不言何，闕文也。正義曰：鄆是魯邑，輒曰圍之，是鄆叛也。三傳並無其事，不知何爲而叛。明年，齊人歸鄆，是叛屬齊也。

定七年。國夏伐我，公斂處父御孟懿子。

〔一〕此句六字，傅山全書初版本脫，據手稿補。

定八年。九月，季孫斯、仲孫何忌帥師侵衛。陽虎將殺桓子，公斂處父告孟孫曰：「季氏戒都車，何故？」孟孫曰：「吾弗聞。」處父曰：「然則亂也，必及於子，先備諸。」與孟孫以壬辰爲期云云。陽虎劫公與武叔，以伐孟氏。陽氏敗，公斂陽請追之，孟孫弗許。陽欲殺桓子，孟孫懼而歸之。

652 蔡公子駟

定（以下缺）〔二〕

哀二年。十一月，蔡殺其大夫公子駟。注：懷土而欺大國，故罪而書名，傳：吳洩庸如蔡納聘，而稍納師。師畢入，衆知之。蔡侯告大夫，殺公子駟以說。哭而遷墓。蔡遷于州來。

653 孟武伯彘

卽孺子洩也。

哀十一年。郊之戰，孟孺子洩帥右師，右師奔。孟孺子語人曰：「我不如顏羽，而賢于邴洩。子羽銳敏，我不欲戰而能默，洩曰『驅之』。」

哀十四年。初，孟孺子洩將圉馬于成，成宰公孫宿不受，孺子怒，襲成，從者不得入，乃反。〔三〕成有司使，孺子鞭之。秋八月，孟懿子卒，成人奔喪，弗納；袒、免哭于衢，聽共，弗許。懼，不歸。

十五年。成叛于齊。武伯伐成，不克，遂城輸。

哀十七年。公會齊侯盟于蒙，孟武伯相。齊侯稽首，公拜。齊人怒。武伯曰：「非天

〔二〕此句，傅山全書初版本脫，據手稿補。

〔三〕「乃」，傅山全書初版本誤作「及」，據手稿改。

子，寡君無所稽首。」武伯問季羔：「諸侯盟，誰執牛耳？」季羔云云。武伯曰：「然則彘也。」

哀廿五年〔一〕。公至自越，季康子、孟武伯逆于五梧。郭重僕，見二子，曰：「惡言多矣。」公宴于五梧，武伯爲祝，惡郭重，曰：「何肥也？」季孫曰：「請飲彘也」云云。

哀廿七年。見「子貢」下。公患三桓之侈也，欲以諸侯去之，三桓亦患公之妄也，故君臣多間。公游于陵阪，遇武伯于孟氏之衢，曰：「余及死乎？」對曰：「臣無由知之。」〔二〕三問，卒辭不對。

654 衛　賜　見子貢下。

655 王子地　哀十三年。六月，越伐吳，爲二隧，吳王子地等自泓上觀之。彌庸見姑蔑之旗云云。王子地助之。乙酉，戰，地獲謳陽。越子至，王子地守。

656 吳公子慶忌　哀廿年。吳公子慶忌驟諫吳子，曰：「不改，必亡。」弗聽。出居于艾，遂適楚。聞越將伐吳，冬，請歸平越，遂歸。欲除不忠者以說于越。吳人殺之。

## 四御　五暮〔三〕

657 公子豫　隱元年。鄭人以王師、虢師伐衛南鄙。請師于邾，邾子使私于公子豫，豫且往，公弗

〔一〕「五」，手稿爲「四」，據十三經注疏改。
〔二〕「之」字，手稿無，此據十三經注疏。
〔三〕「四」「五」，手稿無，爲編者所加。

許。遂行，及邾人、鄭人盟于翼。不書，非公命也。注：公子豫，魯大夫。

658 宋大司馬固

僖廿二年。楚人伐宋以救鄭。宋公將戰，大司馬固諫曰：「天之棄商久矣。君將興之，弗可赦也已。」弗聽。戰于泓。注：大司馬固，莊公之孫公孫固也。

僖廿七年。冬，楚子及諸侯圍宋。宋公孫固如晉告急。

僖廿九年。公孫固盟于翟泉。傳：卿不書，罪之。禮，卿不會公侯。

文七年。穆、襄之族帥國人以攻公，殺公孫固于公宮。注：在公室爲亂兵所殺。昭公即位而葬。

659 樂　豫

文七年。宋樂豫爲司馬，注：戴公玄孫。昭公將去羣公子，樂豫曰：「不可。公族，公室之枝葉也」云云。不聽。穆、襄之族帥國人以攻公。六卿和公室，樂豫舍司馬以讓公子卬。

660 高宣子固

宣五年。公如齊。高固使齊侯止公，請叔姬焉。秋九月，高固來逆女，自爲也。故書曰「逆叔姬」，卿自逆也。冬，來，反馬也。

宣十四年。冬，晏桓子告高宣子曰：「子家其亡乎！懷于魯矣。」

宣十五年。秋，仲孫蔑會高固于無婁。

宣十七年。齊侯使高固、晏弱等會。及斂盂，高固逃歸。注：聞郤克怒故。

成二年。鞌之戰，高固入晉師，桀石以投人，禽之而乘其車，繫桑本焉，以徇齊壘，曰：「欲勇者賈余餘勇！」

661 宋共公固

成十五年。六月，宋公固卒。四同盟。正義曰：「固父鮑以二年八月卒，而固代立，其年十一月，宋大夫與公盟于蜀，五年于蟲牢，七年于馬陵，九年于蒲，皆魯、宋俱在，是四同盟。秋八月葬。三月而葬，速。」

662 欒　懼　成十六年。鄭子罕伐宋，宋將鉏、樂懼敗諸汋陂。退，舍于夫渠，不儆。鄭人覆諸，敗諸汋陵，獲將鉏、樂懼。宋恃勝也。恃勝被獲。〔一〕

663 申叔豫　叔時孫也。

襄廿一年。楚子使蔿子馮爲令尹，〔二〕訪于申叔豫。對曰：「國多寵而王弱，國不可爲也。」遂以疾辭。

襄廿二年。蔿子馮爲令尹。〔三〕朝與申叔豫言，弗應而退。從之，入于人中。又從之，遂歸。退朝，見之，曰：「子三困我于朝，〔四〕吾懼，不敢不見。子姑告我，何疾我也？」對曰：「吾不免是懼，何敢告子？」曰：「何故？」對曰：「昔觀起有寵于子南，子南得罪，觀起車裂，何故不懼？」馮自御而歸，不能當道。至、謂八人者曰：「吾見申叔，夫子所謂生死而肉骨也。知我者如夫子則可，不然，請止。」辭八人者，而後王安之。

664 羊舌鮒　叔向弟，叔魚也，非欒王鮒，爲邢侯所殺。

665 邴　豫　襄廿一年。范宣子殺邴豫等十人。欒盈黨也。

666 欒王鮒　襄廿三年。欒桓子謂范宣子曰：「欒氏多怨，子爲政，欒氏自外，子在位，其利多矣。

〔一〕此句四字，傅山全書初版本脫，據手稿補。

〔二〕「蔿子馮」，傅山全書初版本據十三經注疏改作「薳子馮」，但未加校注，此據手稿。

〔三〕「蔿子馮」，傅山全書初版本據十三經注疏改作「薳子馮」，但未加校注，此據手稿。

〔四〕以上九字，手稿已殘缺。

既有利權，又執民柄，將何懼焉？欒氏所得，其唯魏氏乎，而可强取也。夫克亂在權，子無懈矣！」公有姻喪，王鮒使宣子墨縗冒絰，二婦人輦以如公，奉公以如固宮。「克亂在權」，其實好話。

求帶于叔孫豹、叔向，曰：「欒王鮒，從君者也。」非叔魚。

667 封具 襄廿五年。崔杼殺莊公，封具死。

668 蔡景侯固 襄廿八年。蔡侯歸自晉，入于鄭。鄭伯享之，不敬。子產曰：「蔡侯其不免乎」云云。「其爲君也，淫而不父。僑聞之，如是者，恆有子禍。」襄卅年。四月，蔡世子般弒其君固。冬十月，葬蔡景公。三景謚法：由義而濟□、布義行剛、耆意大慮曰「景」，蔡侯何取于此？

669 高豎 襄廿九年。爲高氏之難故，高豎以盧叛。閭丘嬰圍盧。高豎曰：「苟使高氏有後，請致邑。」齊人立敬仲之曾孫酀。奔。〔二〕

670 子成固 昭八年。八月庚戌，齊子旗逐成固。注：子尾之屬，頃公子固也。

671 子工鑄 昭八年。齊子旗逐子工。注：成之弟鑄也。

672 工尹路 昭十二年。工尹路請曰：「君王命剝圭以爲鏚柲，敢請命。」王入視之。

673 豎柎 昭十六年。鄭大旱，使豎柎等有事于桑山。斬其木，不雨。子產曰：〔三〕「有事于山，蓺山林也；而斬其木，其罪大矣。」奪之宮邑。

---

〔二〕「奔」字，傅山全書初版本脫，據手稿補。

〔三〕「曰」字，傅山全書初版本脫，據手稿補。

柎，又平聲。

674 宋公子固　昭廿年。華亥殺公子固。注：公黨也。

675 梁丘據　見子猶下。

676 祝固　昭廿年。梁丘據、裔款言于公曰：「君盍誅于祝固、史嚚以辭賓？」

677 冉豎　昭廿六年。冉豎射陳武子，中手，失弓而罵。以告平子，曰：「有君子白皙鬒鬚眉，甚口。」平子曰：「必子彊也」云云。對曰：「謂之君子，何敢亢之？」炊鼻之戰。〔二〕

678 尹氏固　昭廿六年。尹氏固等奉周之典籍以奔楚。昭廿九年。三月己卯，京師殺尹氏固。尹固之復也，有婦人遇之周郊，尤之，曰：「處則勸人爲禍，行則數日而反，是夫也，其過三歲乎？」

679 韓固　昭廿八年。韓固爲馬首大夫。注：固，韓起孫也。

680 烈山柱　昭廿九年。蔡墨曰：「有烈山氏之子曰柱爲稷，自夏以上祀之。」

681 曹靖公伯露　定四年。會召陵。定八年。三月，露卒。無傳。四年盟皋鼬。正義曰：露以昭廿八年即位。卅二年諸侯之大夫盟于狄泉。魯、曹俱在，時以未告公而公薨。故不書于經，杜蓋以此故不數之。七月葬，無傳。謚法：共以解信曰靖。

682 鍼尹固　定四年。鍼尹固與王同舟，王使執燧象以奔吳師。

〔二〕此四字，傅山全書初版本脱，據手稿補。

哀十六年。葉公遇鍼尹固帥其屬，〔二〕將與白公。子高曰：「微二子者，楚不國矣。棄德從賊，其可保乎？」乃從葉公。

683 季寤　季恆子之弟，子言也。見「言」下。

684 子路　定十二年。見仲由下。

685 析成鮒　定十四年。析成鮒、小王桃甲率狄師以襲晉，戰于絳中，不克而還。士鮒奔周。注：晉大夫，范、中行之黨。

686 太史固　哀十一年。公使太史固歸國子之元，寘之新篋，褽之以玄纁，加組帶焉。寘書于其上，曰：「天若不識不衷，何以使下國？」

687 宗豎　哀十四年。五月，陳宗豎出奔楚。無傳。冬，宗豎自楚復入于陳，陳人殺之。無傳。

688 工尹薳固　哀十八年。巴伐楚。王曰：「寢尹、工尹勤先君者也。」三月，楚公孫寧、吳由于、薳固敗巴師於鄾。

689 子潞　卽樂茷也。見「茷」及大尹下。

十二固。四豫。三鮒。三豎。二路。一懼。一具。一鑄。一柎。一據。一柱。一露。一潞。〔三〕

〔二〕「鍼尹」，傅山全書初版本誤作「箴尹」，十三經注疏亦作「箴尹」，此據手稿改。

〔三〕此條二十七字，傅山全書初版本脫，據手稿補。

## 六泰〔一〕

690 大叔帶　即甘昭公也。襄王弟，惠后之子也。

僖七年。閏月，惠王崩。襄王惡大叔帶之難，懼不立，不發喪，而告難于齊。

僖十一年。夏，揚、拒、泉、皋、伊、雒之戎同伐京師，王子帶召之也。

僖十二年。夏，王以戎難故，討王子帶。秋，王子帶奔齊。

僖十三年。齊仲孫湫聘于周，且言王子帶。事畢，不與王言。歸，復命曰：「未可。王怒未怠，不十年，王弗召也。」

僖廿二年。富辰言于王曰：「請召大叔。詩曰：『協比其鄰，昏姻孔云。』吾兄弟之不協，焉能怨諸侯之不睦？」王説。王子帶自齊復歸于京師，王召之也。

僖廿四年。初，甘昭公有寵于惠后，將立之，未及而卒。王復之，又通于隗氏。王替隗氏。頽叔等遂奉大叔以狄師伐王。王出適鄭。大叔以隗氏居于温。

僖廿五年。四月丁巳，王入于王城。取大叔于温，殺之于隰城。

昭廿六年。子朝使告于諸侯曰：「至于惠王，天不靖周，生頽禍心，施于叔帶。」

691 向　帶　成十五年。宋向帶爲太宰，桓族也。華元殺蕩澤、向帶等舍于睢上，遂出奔楚。

成十八年。楚子辛、鄭皇辰伐彭城，納向帶等。

692 范宣子士　假羽毛而不歸，可笑。

〔一〕「六」字，手稿無，爲編者所加。

693 欒子匄〔一〕

成十六年。鄢陵之戰。六月，甲午晦，楚晨壓晉軍而陳。軍吏患之。范匄趨進曰：「塞井夷竈，陳于軍中，而疏行首。晉、楚唯天所授，何患焉？」文子執戈逐之。

成十七年。欒書等執公。使召士匄，士匄辭。

成十八年。夏，晉使士匄來聘。傳：公至自晉。范宣子來聘，且拜朝也。君子謂晉于是乎有禮。

襄三年。晉爲鄭服故，且欲修吳好，將合諸侯。使士匄告于齊曰：「寡君使匄，以歲之不易，不虞之不戒，願與一二兄弟相見，以謀不協。使匄乞盟。」齊侯欲勿許，而難爲不協，乃盟于耏外。

襄五年。楚子囊爲令尹。范宣子曰：「我喪陳矣。楚人討貳而立子囊，必改行，而疾討陳。陳近于楚，民朝夕急，能無往乎？有陳，非吾事也；無之而後可。」

襄八年。冬，士匄來聘，且拜公子辱，告將用師于鄭，公享之。宣子賦摽有梅。季武子曰：「誰敢哉？」賓將出，武子賦彤弓。宣子曰：「城濮之役，我先君獻功于衡雍，受彤弓于先王，以爲子孫藏。匄也，先君守官之嗣也，敢不承命？」君子以爲知禮。

襄九年。楚子囊曰：「范匄少于中行偃而上之，使佐中軍。」十月諸侯伐鄭。庚午，季武子、齊崔杼、宋皇鄖從門于鄟門。

襄十年。四月戊午，會於柤。晉荀偃、士匄請伐偪陽，而封宋向戌焉。諸侯之師久于

〔一〕「欒子」二字，傅山全書初版本脫，據手稿補。

偪陽，荀偃、士匄請于荀罃曰：「水潦將降，懼不能歸，〔二〕請班師。」知伯怒，投之以機，出于其間云云。五月庚寅，荀偃、士匄帥卒攻偪陽，親受矢石。甲午，滅之。宋公享晉侯于楚丘，請以桑林。荀罃辭。荀偃、士匄曰：「諸侯宋、魯，于是觀禮。魯有禘樂，賓祭用之。宋以桑林享君，不亦可乎？」卒享而還。及著雍，疾。卜，桑林見。荀偃、士匄欲奔請禱焉，荀罃不可。

襄十年。晉侯使士匄平王室。王叔之宰與伯輿之大夫瑕禽坐獄于王庭，士匄聽之云云。「天子所右，寡君亦右之；所左，亦左之。」使王叔氏與伯輿合要。

襄十一年。秋七月，同盟于亳。范宣子曰：「不慎，必失諸侯。諸侯道敝而無成，能無貳乎？」乃盟。載書曰：「凡我同盟，毋蘊年，毋壅利」云云。

襄十三年。荀罃、士魴卒，晉侯蒐于綿上以治兵。使士匄將中軍，辭曰：「伯游長。昔臣習于知伯，是以佐之，非能賢也。請從伯游。」荀偃將中軍，士匄佐之。君子曰：「讓，禮之主也。范宣子讓，其下皆讓。欒黶爲汰，弗敢違也。晉國以平，數世賴之，刑善也夫！」

襄十四年。正月，士匄等會吳于向。傳：吳告敗于晉。會于向，爲吳謀楚故也。范宣子數吳之不德也，以退吳人。注：吳伐楚師，故以爲不德，數而遣之，卒不爲伐楚。執莒公子務婁，將執戎子駒支，范宣子親數諸朝，曰：「昔秦人追逐乃祖于瓜州」云云。駒支賦青蠅而退。使即事于會，成愷悌也。冬，會于戚，謀定衛也。范宣

〔二〕自「佐中軍」至「懼不能」，手稿已殘缺。

子假羽毛于齊而弗歸，〔二〕齊人始貳。

襄十六年。穆叔如晉聘，且言齊故。見范宣子，賦鴻鴈之卒章。范宣子曰：「匄在此，敢使魯無鳩乎！」

襄十八年。諸侯伐齊，齊人多死。范宣子告析文子曰：「吾知子，敢匿情乎？」魯人、莒人皆請以車千乘自其鄉入，既許之矣」云云。

襄十八年。晉伐齊。十一月己卯，荀偃、士匄以中軍克京茲。

襄十九年。荀偃病，目出。士匄請見，弗納。請後，曰：「鄭甥可。」甲寅卒，而視，不可含。宣子盥而撫之，曰：「事吳敢不如事主！」猶視，欒懷子云云，受含。宣子出，曰：「吾淺之乎爲丈夫也。」季武子如晉拜師。范宣子爲政，賦黍苗。注：詩小雅美召伯勞來諸侯，如陰雨之長黍苗也，喻晉君憂勞魯國，猶召伯。七月，士匄侵齊，師及穀，聞齊侯環喪而還，禮也。四月丁未，鄭公孫蠆卒，赴于晉大夫。范宣子言于晉侯，以其善于伐秦也。

襄廿一年。欒桓子娶于范宣子，生欒盈懷子。欒祁與其老州賓通。祁懼，愬諸宣子曰：「盈將爲亂」云云。懷子好施，士多歸之。宣子畏其多士也，信之。使城著而遂逐之。宣子殺箕遺等十人，囚伯華、叔向、籍偃。祁奚乘馹而見宣子，曰：「叔向，社稷之固」云云。宣子說，與之乘，以言諸公而免之。樂王鮒謂宣子曰：「盍反州綽、邢蒯？勇士也。」宣子曰：「彼欒氏之勇也，余何獲焉？」鮒曰：「子爲彼欒

〔二〕「于」字，傅山全書初版本誤作「子」，據手稿改。

氏，乃亦子之勇也。」

襄廿三年。欒王鮒侍坐于范宣子。或告曰：「欒氏至矣。」宣子懼。欒桓子曰：「奉君以走固宮，必無害也」云云。鮒使宣子墨縗冒絰，二婦人輦以如公，奉公以如固宮。范鞅逆魏舒。宣子逆諸階，執其手，賂之以曲沃。斐豹請殺督戎，宣子喜，曰：「而殺之，所不請于君以焚丹書者，有如日！」欒氏乘公門。宣子謂鞅曰：「矢及君屋，死之！」

襄廿四年。穆叔如晉，范宣子逆之，曰：「古人有言曰『死而不朽』，〔二〕何也？」穆叔未對。宣子曰：「昔匄之祖，自虞以爲陶唐氏，在夏爲御龍氏，在商爲豕韋氏，在周爲唐杜氏，〔三〕晉主夏盟爲范氏，其是之謂乎！」宣子爲政，諸侯之幣重。子產寓書以告宣子，乃輕幣。鄭伯朝晉，稽首，宣子辭。

襄廿六年。傳曰：齊人城郟之歲。注：在廿四年。其夏，齊烏餘以廩丘奔晉，襲衛羊角，取之，遂襲我高魚。又取邑于宋。于是范宣子卒，諸侯弗能治也。

昭三年。初，州縣，欒豹之邑也。及欒氏亡，范宣子、趙文子、韓宣子皆欲也。

昭廿九年。荀寅、趙鞅鑄刑鼎，著范宣子所爲刑書焉。

694 鄭公孫蠆　卽子蟜也。見「蟜」下。

695 杞孝公匄　襄廿三年。三月己巳，杞伯匄卒。注：五同盟。正義曰：匄以七年卽位，九年盟戲，

〔二〕「死」字，傅山全書初版本脱，據手稿補。

〔三〕此句六字，傅山全書初版本脱，據手稿補。

十一年亳城北，十六年溴梁，十九年祝柯，二十年澶淵。是五同盟也。夏，葬。傳：杞孝公卒，晉悼夫人喪之。平公不徹樂，非禮也。禮，爲鄰國闕。

696 孫　蒯

孫林父之子也。

襄十年。鄭皇耳侵衛，楚令也。孫文子卜追之，獻兆于定姜。曰：「兆如山陵，有夫出征，而喪其雄」云云。孫蒯獲皇耳于犬丘。

襄十四年。孫文子如戚，孫蒯入使。公飲之酒，使太師歌巧言之卒章云云。遂誦之。蒯懼，告文子。

襄十七年。孫蒯田于曹隧，飲馬于重丘。毀其瓶。重丘人閉門而詬之，曰：「親逐尔君，尔父爲厲。〔一〕是之不憂，尔何以田爲？」夏，衛石買、孫蒯伐曹，取重丘。曹人愬于晉。

襄十八年。夏，晉人執孫蒯于純留，爲曹故也。

襄廿六年。孫蒯追殖綽，弗敢擊。文子曰：「厲之不如。」遂從衛氏，敗之圉。獲殖綽。

697 邢　蒯

襄廿一年。州綽、邢蒯出奔齊，皆欒盈黨也。欒王鮒謂范宣子曰：「盍反邢蒯？勇士也。」

698 申　蒯

襄廿五年。崔杼殺莊公。申蒯，侍漁者，退，謂其宰曰：「爾以帑免，我將死。」

〔一〕「尔」，傅山全書初版本誤作「而」，據手稿改。

699 胥梁帶　襄廿六年。趙文子言于晉侯曰：「烏餘之邑，皆討類也，請歸之。」公曰：〔二〕「孰可使也？」對曰：「胥梁帶能無用師。」晉侯使往。
襄廿七年。春，胥梁帶使諸喪邑者具車徒以受地，必周。使烏餘具車徒以受封。烏餘以其衆出，使諸侯僞效烏餘之封者，而遂執之，盡獲之。皆取其邑，而歸諸侯。諸侯是以睦于晉。
能無用師。

700 叔仲昭伯帶　惠伯彭生之孫也。
襄七年。南遺爲季氏宰。叔仲昭伯爲隧正，欲善季氏，而求媚于南遺。謂遺：「請城費，吾多與爾役。」故季氏城費。
襄廿八年。公如楚及漢，楚康王卒。公欲反。叔仲昭伯曰：「我楚國之爲，豈爲一人？行也！」
襄卅一年。公薨于楚宮。叔仲帶竊其拱璧，以與御人，納諸其懷，而從取之，由是得罪。
昭四年。豎牛賂叔仲帶與南遺，使惡杜洩于季孫而去之。
五年，叔仲子謂季孫曰：「帶受命于叔孫曰：葬鮮者自西門。」
竊拱璧，城費。以與御人，納諸者懷，而從取之，看不得，看不得。注中不云誰之子，比竊玉賊始終無一事可看，不知父爲誰，而祖則彭生，賢者。

〔二〕「公」，手稿作「若」，傅山全書初版本據十三經注疏改作「公」，但未加注。

701 齊公孫蠆　昭謚三：容儀榮美、昭德有勞，聖聞周達。帶之「昭」，不知何取。
卽子尾也。見「尾」下。

702 吳子餘祭　襄廿九年。吳人伐越，獲俘焉，以爲閽，使守舟。吳子餘祭觀舟，閽以刀弑之。〔二〕
襄卅一年。趙文子曰：「閽戕戴吳。」注：卽餘祭也。

703 士文伯匄　注：士弱之子也。

704 駟　帶　襄卅年。絳縣老人云云。士文伯曰：「然則二萬六千六百六旬也。」見「瑕」下。
子西之子，子晳之宗主也。
襄卅年。伯有因馬師頡介于襄庫，以伐舊北門。駟帶率國以伐之云云。游吉如晉還，聞難不入。八月甲子，奔晉。駟帶追之，及酸棗。與子上盟，用兩珪質于河。
昭元年。六月丁巳，駟帶等私盟于閨門之外，實薰隧。
昭七年。鑄刑書之歲二月，或夢伯有介而行，曰：「壬子，余將殺帶也。」及壬子，駟帶卒。

705 邢　帶　昭五年。薳啓彊曰：「箕襄、邢帶等皆大家也。」注：韓氏族。

706 華　亥　昭六年。合比奔衛。〔三〕華亥欲代右師，乃與寺人柳比，從爲之徵，曰：「聞之久矣。」公使代之。
昭九年。春，華亥會楚子于陳。

〔二〕「弑」，傅山全書初版本誤作「殺」，據手稿改。
〔三〕此四字，傅山全書初版本脫，據手稿補。

昭十一年。秋，會于厥慭。

昭二十年。十月，華亥出奔陳。傳：宋元公無信多私，而惡華、向。華定、華亥與向寧謀曰：「亡愈于死。」〔一〕華亥僞有疾，〔二〕以誘羣公子。公子問之，則執之。夏六月丙申，殺羣公子。公如華氏請焉，遂劫之云云。華亥與其妻，必盥而食所質公子者而後食。公與夫人每日必適華氏，食公子而後歸。華亥患之，欲歸公子。向寧曰：「唯不信，故質其子」云云。十月，公殺華、向之質而攻之。戊辰，華、向奔陳，向寧欲殺太子，華亥曰：「干君而出，又殺其子，其誰納我？且歸之有庸。」使少司寇牼曰：「子之齒長矣，不能事人。以三公子爲質，必免。」

昭廿一年。夏，華亥等自陳入于宋南里以叛。〔三〕赭丘之戰，大敗華氏，圍諸南里。華亥搏膺而呼，見華貙，曰：「吾爲欒氏矣！」貙曰：「子無我迋，〔四〕不幸而後亡。」

昭廿二年。春，華亥等自南里出奔楚。傳：諸侯之戍謀曰：「若華氏知困而致死，楚恥無功而疾戰，〔五〕非吾利也。不如出之，以爲楚功」云云。乃固請出之。宋人從之。二月己巳，華亥等奔楚。

707

## 士匄

昭六年。十一月，齊侯如晉，請伐北燕也。士匄相士鞅逆諸河，禮也。注：古本「士

〔一〕「死」，手稿誤作「失」，據十三經注疏改。
〔二〕「疾」，手稿誤作「失」，據十三經注疏改。
〔三〕「等自」二字，手稿已殘缺。
〔四〕「貙曰子」三字，手稿已殘缺。
〔五〕「而疾戰」三字，手稿已殘缺。

匄」或作「王正」，董遇、王肅本同。學者皆以士匄是范宣。宣子卽士鞅之父，不應取其父同姓名。人以爲介，今傳本誤也，依「王正」爲是。王元規云，古人質口不言之耳，何妨爲介？案士文伯是士鞅之族，亦名匄無妨。今相鞅，比文伯也，然士文伯名，古本或有作正者。

708 屠蒯

昭九年。荀盈卒于戲陽。殯于絳。晉侯飲酒，樂。膳宰屠蒯趨入，請佐公使尊，許之。而遂酌以飲工，曰：「女爲君耳，將司聰也。辰在子卯，謂之疾日」云云。飲外嬖嬖叔，曰「女爲君目」云云。

昭十七年。晉使屠蒯如周，請有事于雒與三塗。〔一〕

709 南蒯

昭十二年。季平子立，而不禮于南蒯。注：南遺之子也，〔二〕南蒯謂子仲（子仲，公子慭也）：「吾出季氏，而歸其室于公，子更其位，我以費爲公臣。」子仲許之。南蒯語叔仲穆子，且告之故云云。叔仲小、南蒯、公子慭謀季氏。慭告公，而遂從公如晉。南蒯懼不克，以費叛如齊。南蒯之將叛也，其鄉人或知之，過之而歎，且言曰：「恤恤乎，湫乎攸乎！深思而淺謀，邇身而遠志，家臣而君圖，有人矣哉！」南蒯枚筮之，遇坤之比，曰「黃裳元吉」。示子服惠伯，曰：「卽欲有事，何如」云云。將適費，飲鄉人酒。鄉人或歌之曰：「我有圃，生之杞乎！從我者子乎，去我者鄙乎，倍其鄰者恥乎！已乎！已乎！非吾黨之士乎！」

〔一〕自「遂酌以飲工」至此，手稿已殘缺。
〔二〕「子」，手稿脫，據十三經注疏補。

昭十三年。平丘之會。叔向曰：「南蒯、子仲之憂，其庸可棄乎？」昭十四年。司徒老祁等劫南蒯云云。遂奔齊。侍飲酒于景公。公曰：「叛夫！」對曰：「臣欲張公室也。」家臣欲張公室。

710 叔仲昭子　卽昭伯。

帶〔二〕　襄卅一年。卽竊璧者。詳「小」下。〔三〕

711 申　亥　昭十三年。芋尹無宇之子申亥曰：「吾父再奸王命，王弗誅，惠孰大焉」云云，「吾其從王。」乃求王，遇諸棘闈以歸。夏五月癸亥，王縊于芋尹申亥氏。申亥以其二女殉而葬之。他年，申亥以王柩告，乃改葬之。

712 陽　匄　見子瑕下。

713 張　匄　昭廿一年。華費遂與公謀逐貙云云。張匄尤之，曰：「必有故。」使子皮承宜僚以劍而訊之。宜僚盡以告。張匄欲殺多僚。五月丙申，子皮將見司馬而行，則遇多僚御司馬而朝。張匄不勝其怒，遂與子皮、臼任、鄭翩殺多僚，劫司馬以叛，而召亡人。赭丘之戰，于犨御呂封人華豹，張匄爲右。公子城射豹，殪。張匄抽殳而下，射之，折股。扶伏而擊之，折軫。又射之，死。注：匄死。

714 周敬王匄　昭廿二年。十一月己丑，敬王卽位。注：王子猛之母弟王子匄也。

〔二〕「叔」，傅山全書初版本誤作「孫」，據手稿改。

〔三〕此三字，傅山全書初版本脫，據手稿補。

715 季公亥　昭廿三年。六月庚寅，單子、劉子、樊齊以敬如劉。

即公若也。見「若」。

716 子囊帶　昭廿六年。子囊帶從野洩，叱之。注：齊大夫。

717 郰快　昭廿七年。十月，郰快來奔。無傳。注：郰命卿也，故書。

718 鄭獻公蠆　定四年。會召陵。

定九年。四月戊申，鄭伯蠆卒。無傳。四年盟皋鼬。正義：同曹露之例。六月葬。

719 蒯聵　定十四年。衛世子蒯聵出奔宋。傳：衛侯爲夫人南子召宋朝。會于洮，太子蒯聵獻盂于齊，過宋野。野人歌之曰：「既定爾婁豬，〔一〕盍歸吾艾豭？」太子羞之，謂戲陽速曰：「從我而朝少君，少君見我，我顧，乃殺之」云云。夫人見其色，啼而走，曰：「蒯聵將殺余。」公執其手登臺。太子奔宋。

哀二年。四月，趙鞅納蒯聵于戚。八月，齊人輸范氏粟。趙鞅禦之，遇于戚。甲戌，將戰，郵無恤御簡子，衛太子爲右。登鐵上，望見鄭師衆，太子懼，自投于車下。子良授太子綏而乘之，曰：「婦人也。」衛太子禱曰：「曾孫蒯聵敢昭告皇祖文王、烈祖康叔，文祖襄公：鄭勝亂從，晉午在難，不能治亂，使鞅討之。蒯聵不敢自佚，備持矛焉。敢告無絕筋，無折骨，無面傷，以集大事，無作三祖羞。大命不敢請，佩玉不敢愛。」鄭人擊簡子中肩，斃于車中。太子救之以戈。鄭師北，獲温大夫趙羅。太子復伐之。既戰，太子曰：「吾救主于車，退敵于下，我，右之上也。」

〔一〕「婁」，手稿作「數」，據十三經注疏改。

哀十五年。太子與渾良夫言曰：「苟使我入獲國，服冕乘軒，三死無與。」與立盟。閏月，良夫與太子入，舍于孔氏之外圃。昏，二人蒙衣而乘，寺人羅御，如孔氏云云。子路入，曰：「太子焉用孔悝？雖殺之，必或繼之。」且曰：「太子無勇，若燔臺，半，必舍孔叔。」太子聞之，懼，下。孔悝立莊公，莊公害故政，欲盡去之，先請司徒瞞成曰：「寡人離病于外久矣，子請亦嘗之」云云。

哀十六年。春正月己卯，〔一〕蒯聵自戚入于衛。六月，衛侯飲孔悝酒于平陽，〔二〕重酬之。大夫皆有納焉。醉而送之，夜半而遣之。大子請殺良夫。公曰：「其盟免三死。」十七年，春，衛侯爲虎幄于藉圃。成，求令名者而與之始食焉。趙鞅使告于衛，曰：「請君若太子來，以免志父」云云。衛侯辭以難。衛侯夢于北宮，見人登昆吾之觀云云。衛侯貞卜，其繇曰：「如魚竀尾，衡流而方羊。裔焉大國，滅之，將亡。闔門塞竇，乃自後踰。」冬十月，晉復伐衛，入其郛，將入城。衛人出莊公而與晉平。十一月，衛侯自鄄，般師出。初，登城以望，見戎州，翦之。公使匠久。欲逐石圃。未及而難作。公入于戎州己氏。己氏殺之，而取其璧。〔三〕

720 女艾

哀元年。伍員曰：「少康使女艾諜澆。」注：少康臣也。

721 芊尹蓋

哀十五年。陳侯使公孫貞子弔吳，吳使太宰嚭辭。上介芊尹蓋對曰：「寡君聞楚爲不

〔一〕「春」，手稿作「書」，據十三經注疏改。

〔二〕「酒」字，傅山全書初版本脫，據手稿補。

〔三〕自「十一月」至此，傅山全書初版本爲下一條「□□□」，誤，實爲「蒯聵」條，與「晉平」相接。

722
## 司寇亥

道，荐伐吳國，使蓋備使，弔君之下吏。無祿，使人逢天之慼，大命隕隊，絕世于良。廢日共積，一日遷次。今君命逆使人曰」云云，「且臣聞之曰：事死如生，禮也。」于是乎有朝聘而終、以尸將事之禮，又有朝聘而遭喪之禮。若不以尸將命，是遭喪而還也，無乃不可乎！以禮防民，猶或踰之。今大夫曰『死而棄之』，是棄禮也。先民有言：『無穢虐士。』備使奉尸將命，苟我寡君之命達于君所，雖隕于探淵，則天命也，非君與涉人之過也。」吳人納之。

哀廿五年。衛輒之入也，奪司寇亥政。司寇亥等作亂。

去聲

七隊[一]

723 連稱妹　莊八年。連稱有從妹在公宮，無寵，使間公。曰：「捷，吾以汝爲夫人。」

724 曹　劌　莊十年。春，齊師伐我。將戰。曹劌請見。其鄉人曰：「肉食者謀之。」劌曰：「肉食者鄙，未能遠謀。」乃入見，問何以戰。公曰：「衣食所安，弗敢專也。必以分人。」對曰：「小惠未徧，民弗從也。」公曰：「犧牲玉帛，弗敢加也。必以信。」對曰：「小信未孚，神弗福也。」公曰：「小大之獄，雖不能察，必以情。」對曰：「忠之屬也，可以一戰。戰則請從」云云。戰於長勺。莊廿三年。夏，公如齊觀社。曹劌諫曰：「不可。夫禮，所以整民也。故會以訓上下之則，制財用之節；朝以正班爵之義，帥長幼之序；征伐以討其不然。諸侯有王，王有巡狩，以大習之。非是。君不舉矣。君舉必書。書而不法，後嗣何觀？」

725 郤　芮　克之祖父也。僖六年。晉侯使賈華伐屈。夷吾不能守，將奔狄，郤芮：「後出同走，罪也，不如之

〔一〕「去聲」「七」，手稿無，爲編者所加。

梁。梁近秦而幸焉。」乃之梁。

僖九年。郤芮使夷吾重賂秦以求入，曰：「人實有國，我何愛焉？入而能民，土于何有？」從之。秦伯謂郤芮曰：「公子誰恃？」對曰：「臣聞亡人無黨，有黨必有讎。夷吾弱不好弄，能鬬不過，長亦不改，不識其他。」

僖十年。〔一〕平鄭之如秦也，言于秦伯曰：「呂甥、〔二〕郤稱、冀芮實爲不從，若重問以召之」云云。冬，秦伯使泠至召三子。郤芮曰：「幣重而言甘，誘我也。」遂殺平鄭。

僖廿四年。晉重耳入。郤芮等畏偪，將焚公宮而弒晉侯。三月，晉侯潛會秦伯于王城。己丑晦，公宮火。〔三〕瑕甥、郤芮不獲公，乃如河上，秦伯誘而殺之。

### 726 東門襄仲

遂

僖廿六年。公子遂如楚乞師。傳：東門襄仲、臧文仲如楚乞師。注：襄仲居東門，故以爲氏。文仲爲副，故不書。

僖廿七年。八月乙巳，公子遂帥師入杞。注：八月無乙巳。乙巳，九月六日也。

僖廿八年。秋，公子遂如齊。

僖卅年。冬，公子遂如京師，遂如晉。傳：東門襄仲將聘于周，遂初聘于晉。

卅一年。〔四〕襄仲如晉，拜曹田也。

僖卅三年。公子遂帥師伐邾。傳：伐邾，取訾婁，以報升陘之役。邾人不設備。秋，

〔一〕「十年」，手稿爲「十九」，據十三經注疏改。
〔二〕「呂」，手稿爲「吳」，據十三經注疏改。
〔三〕「火」，手稿無，據十三經注疏改。
〔四〕「卅一年」，傅山全書初版本衍一「僖」字，據手稿删。

襄仲復伐邾。

文二年。冬，襄仲如齊納幣，禮也。凡君卽位，好舅甥，修昏姻，娶元妃以奉粢盛，孝也。孝，禮之始也。

文六年。十月，公子遂如晉葬襄公。

文七年。穆伯爲仲逆。自爲娶之。仲請攻之。

文八年。十月壬午，公子遂會趙盾于衡雍，報扈之盟也。遂會伊雒之戎。書曰「公子遂」，珍之也。

文九年。公子遂會晉趙盾等救鄭。

文十一年。秋，公子遂如宋。傳：襄仲聘于宋，且言蕩意諸而復之。因賀楚師之不害也。

文十二年。西乞術來聘，襄仲辭玉，三辭。賓答曰：「寡君願徼福于周公、魯公」云云。襄仲曰：「不有君子，其能國乎？」厚賄之。

文十四年。文伯以莒二規。請襄仲使無朝。襄仲使告于王，請以王寵求昭姬于齊，曰：「殺其子，焉用其母？請受而罪之。」〔一〕

文十五年。敖喪至，襄仲欲勿哭。惠伯曰：「喪，親之終也」云云。襄仲說，帥兄弟以哭之。

文十六年。公子遂及齊侯盟于郪丘。傳：公使襄仲納賂于齊侯，故盟于郪丘。

〔一〕自「文八年」之「珍之也」，至此句「請」字，手稿已殘缺。

文十七年。冬，公子遂如齊。傳：齊侯伐我北鄙，襄仲請盟。六月，盟于穀。注：晉不能救魯，故請服。冬，襄仲如齊，拜穀之盟。復曰：「臣聞齊人將食魯麥。以臣觀之，將不能。齊君之語偷。臧文仲曰：民主偷，必死。」

文十八年。秋，公子遂、叔孫得臣如齊。傳：襄仲如齊，惠公立故，且拜葬也。文公敬嬴私事襄仲。宣公長，而屬諸襄仲。襄仲欲立之，見于齊侯而請之。齊侯新立，而欲親魯，許之。十月，襄仲殺惡及視，而立宣公。

宣元年。正月，公子遂如齊逆女，尊君命也。三月，遂以夫人婦姜氏至自齊。尊夫人也。會于平州，以定公位。襄仲如齊拜成。

宣八年。六月，公子遂如齊，至黃乃復。辛巳，有事于大廟，〔二〕仲遂卒于垂。壬午，猶繹。萬入，去籥。〔三〕

727 茅茷

僖廿八年。祁瞞奸命，司馬殺之，使茅茷代之。

728 毛伯衛

文元年。王使毛伯衛來賜公命。

文九年。春，毛伯衛來求金，非禮也。不書王命，未葬也。

宣十五年。王子捷殺召戴公及毛伯衛。

729 隨武子士會

文六年。先蔑、士會如秦逆公子雍。在秦凡七年。

文七年。夏，先蔑奔秦，士會隨之。士會在秦三年，不見士伯，其人曰：「能亡人于

〔二〕自「遂如齊」至此，手稿已殘缺。

〔三〕以上四字，手稿已殘缺。

國，不能見于此，焉用之？」士季曰：「吾與之同罪，非義之也，將何見焉？」及歸，遂不及。

文十二年。河曲之戰。士會對秦伯曰：「趙氏新出其屬曰臾駢，必實爲此謀，將以老我師也。趙有側室曰穿，晉君之壻，有寵而弱」云云。「若使輕者肆焉，其可。」

文十三年。晉人患秦之用士會也。趙宣子曰：「士會在秦，賈季在狄，難日至矣。」中行桓子曰：「復賈季。」郤成子曰：「不如隨會。能賤而有恥，柔而不犯；其知足使也。」乃使魏壽餘僞以魏叛者，以誘士會云云。請自歸于秦。履士會之足于朝。秦伯師于河西，魏人在東，壽餘曰：「請東人之能與夫二三有司言者，吾與之先。」使士會。士會辭，曰：「晉人，虎狼也。若背其言，臣死，妻子爲戮，無益于君，不可悔也」云云。既濟，魏人譟而還。秦人歸其帑。其處者爲劉氏。

宣二年。靈公不君。將諫，士季謂盾曰：「諫而不入，則莫之繼也。會請先」云云。三進，及溜，而後視之，曰：「吾知所過矣，將改之。」稽首而對曰：「人誰無過，過而能改，善莫大焉」云云。猶不改。

宣三年。晉侯伐鄭，及郔。鄭及晉平，士會入盟。

宣十年。楚子伐鄭。士會救鄭，逐楚師于潁北。

宣十二年。邲之戰。士會將上軍，郤克佐之。及河，聞鄭、楚平，桓子欲還。隨武子曰：「善。會聞用師，觀釁而動。德、刑、政、事、典、禮不易，不可敵也。」楚少宰如晉師，曰「將鄭是訓定」云云。士會對曰：「昔平王命我先君文侯曰：『與鄭夾輔周室』云云。豈敢辱候人？」郤獻子曰：「二憾往矣」云云。士會曰：「備之善」云云，「諸侯相見，軍衛不徹，警也。」士會使鞏朔、韓穿師七覆于敖前，故上軍不敗。楚使潘黨率游闕四十乘，以爲左拒，以從上軍。駒伯曰：「待諸乎？」士會：「楚師方壯，若萃于我，吾師必盡。分謗、生民」云云。殿其卒而退，不敗。

宣十六年。春，士會帥師滅赤狄甲氏及留吁、鐸辰。三月，獻狄俘。晉侯請于王，戊申，以黻冕命士會將中軍，且爲太傅。于是晉國之盜逃奔于秦。爲召、毛之難故，王室復亂，王孫蘇奔晉。晉人復之。冬，晉侯使士會平王室，定王享之。原襄公相禮。殽烝。武子私問其故。王聞之，召武子曰：「季氏！而弗聞乎？王享有體薦，宴有折俎。公當享，卿當宴。王室之禮也。」武子歸而講求典禮，以修晉國之法。

宣十七年。秋八月，晉師還。范武子將老，召文子曰：「燮乎！吾聞之，吾怒以類者鮮，易者實多」云云。「郤子其或者欲已亂于齊乎。不然，余懼其益之也。余將老，使郤子逞其志，庶有豸乎。爾從二三子唯敬。」請老。郤獻子爲政。

成二年。晉師歸，范文子後入。武子曰：「無爲吾望爾也乎？」對曰：「師有功」云云。武子曰：「吾知免矣。」

成十八年。晉悼公卽位，使士渥濁爲太傅，使修范武子之法。

襄廿七年。子木問趙孟曰：「范武子德何如？」對曰：「夫子之家事治，言于晉國無隱情，祝史陳信于鬼神無愧辭。」子木歸以語王。王曰：「尚矣哉！能歆神、人，宜共光輔五君以爲盟主也。」

730 楚公子茷

文九年。秋，楚公子朱自東夷伐陳，陳人敗之，獲公子茷，陳懼，乃及楚平。

成十六年。鄢陵之戰，師囚楚公子茷。

731 期思公復遂　成十七年。欒書使楚公子茷告公曰：「此戰也，郤至實召寡君。」文十年。楚子田孟諸，期思公復遂爲右司馬。注：復遂，楚期思邑公也。

732 文之無畏　卽申舟也，見「舟」下。

733 楚子貝　文十六年。楚子乘馹，會師于臨品，分爲二隊。子貝自仞以滅庸。〔一〕

734 宛茷　成二年。鞌之戰，鄭周父御佐車，宛茷爲右，載齊侯以免。〔二〕

735 衛黑背　成十年。衛侯之弟黑背侵鄭。傳：子叔黑背侵鄭，晉命也。

736 羅茷　成十年。晉使羅茷如楚，報太宰子商之使也。秋，公如晉。晉人止公，使送葬。於是羅茷未反。注：晉謂魯貳于楚，故留公須羅茷還，驗其虛實。成十一年。宋華元聞楚旣許晉羅茷成，而使歸復命矣。

737 聲伯外妹　成十一年。聲伯嫁其外妹于施孝叔。郤犨來聘，求婦于聲伯，奪施氏婦以與之。婦人曰：「鳥獸猶不失儷，子將若何？」曰：「吾不能死亡。」婦人遂行，生二子于郤氏。郤氏亡，晉人歸之施氏。施氏逆諸河，沈其二子。婦人怒曰：「己不能庇其伉儷而亡之，又不能字人之孤而殺之，〔三〕將何以終？」遂誓施氏。

738 荀會　成十八年。晉悼公卽位。荀會爲公族大夫。

---

〔一〕「以滅」，傅山全書初版本誤作「伐」，據手稿改。

〔二〕此下，傅山全書初版本尚有「公子遂」一條，手稿實無，故删。

〔三〕「字」，傅山全書初版本誤作「守」，據手稿改。

739 夙沙衛

襄三年。六月，晉侯使荀會逆吳子于淮上，吳子不至。

襄二年。春，齊侯伐萊，萊人使正輿子賂夙沙衛以索馬牛，皆百匹，齊師還。

襄十七年。齊人獲臧堅，齊侯使夙沙衛唁之，且曰「無死」。堅稽首曰：「使刑臣禮于士」云云。詳「堅」下。

襄十八年。十月，會于魯濟，同伐齊。齊侯禦諸平陰，塹防門而守之，廣里。夙沙衛曰：「不能戰，莫如守險。」弗聽。齊師夜遁。十一月丁卯朔，入平陰，遂從齊師。夙沙衛連大車以塞隧而殿。殖綽、郭最曰：「子殿國師，齊之辱之。子姑先乎！」乃伐之殿。衛殺馬于隘以塞道。

襄十九年。齊侯使高厚傅牙，以爲太子，夙沙衛易己，衛奔高唐以叛。十一月，齊侯圍之。見衛在城上，號之，乃下。問守備焉，以無備告。揖之，乃登云云。醢衛于軍。〔一〕

740 師茷

襄十五年。鄭人以子西等納賂于宋，以馬卌乘，與師茷、師慧。

741 師慧

襄十五年。鄭賂宋，以師慧。師慧過宋朝，將私焉。其相曰：「朝也。」慧曰：「無人焉。」相曰：「朝也，何故無人？」慧曰：「必無人焉。若猶有人，豈其以千乘之相易淫昏之矇？必無人焉故也。」子罕聞之，固請而歸之。

742 郭最

襄十八年。夙沙衛連大車以塞隧而殿。殖綽、郭最曰：「子殿國師，齊之辱也」云云。衛殺馬于隘以塞道。晉州綽之右具丙縛郭最，皆衿甲面縛，坐于中軍之鼓下。

---

〔一〕自襄十八年「馬于隘以塞道」至此，手稿已殘缺。

743 工僂會　襄十九年。十一月，齊圍高唐。殖綽、工僂會夜縋納師。齊遂有工僂氏。

744 徐吾犯之　昭元年。詳子晳下。

## 妹

745 金天氏昧　昭元年。子產曰：「金天氏有裔子曰昧，爲玄冥師。」

746 虞　遂　昭三年。晏子曰：「虞遂等相胡公、大姬」云云。注：皆陳氏之先也。

昭八年。史趙曰：「舜重之以明德，置德于遂。遂世守之，及胡公不淫。」

747 華費遂　昭四年。七月，楚子以諸侯伐吳，宋太子、鄭伯先歸，宋華費遂、鄭大夫從。

昭二十年。公請于華費遂，將攻華氏。對曰：「臣不敢愛死，無乃求去憂而滋長乎！臣是以懼，敢不聽命？」注：費遂，大司馬，華氏族也。

昭廿一年，華費遂生華貙、華多僚、華登。多僚譖諸公曰：「貙將納亡人」云云。公使侍人召司馬之侍人宜僚，使告司馬。司馬嘆曰：「必多僚也。吾有讒子，而弗能殺，吾又不死，抑君有命，可若何？」乃與公謀逐華貙，將使田孟諸而遣之。公飲之酒，厚酬之，賜及從者。〔二〕司馬亦如之。

## 八震〔三〕

748 衛宣公晉　隱四年。十二月，衛人立晉。注：衛人逆公子晉而立之，善其得衆，故不書入于衛

〔二〕「從」字，手稿已殘缺。

〔三〕「八」字，手稿無，爲編者所加。

變，文以示義，例在成十八年。傳：衛人逆公子晉于邢。十二月。宣公卽位。書曰「衛人立晉」，衆也。注：正義曰：賊討乃立，自繼前君，故不待踰年也。

桓十二年。十一月丙戌，衛侯晉卒。無傳。重書丙戌，非義例，因史成文也。未同盟而赴以名。

桓十三年。三月葬。無傳。

749 師　縉　僖廿二年。十一月丙子晨，鄭文夫人芈氏、姜氏勞楚子于柯澤。楚子使師縉示之俘馘。君子曰：「非禮也。」注：師縉，楚樂師也。正義曰：傳所言師曠、師曹之類皆樂師，知此師縉亦樂師也。

750 秦小子慭　僖廿八年。秦小子慭等次于城濮。注：秦穆公子也。

僖廿九年。秦小子慭盟翟泉。傳：卿不書，罪之也。禮，卿不會公侯。

751 冶　廑　僖卅年。衛侯使賂周歂、〔一〕冶廑曰：「苟能納我，使爾爲卿。」冶廑等殺元咺及子適、子儀。公入，祀先君，周、冶既服，將命，周歂先入，及門，遇疾而死。冶廑辭卿。

752 伯　奮　文十八年。高辛氏才子八元，奮。

753 鄭子印　成十三年。〔二〕公子班殺子印、子羽。注：穆公子也。〔三〕

754 侯　晉　襄十年。初，子駟爲田洫，侯氏等皆喪田焉。十月戊辰，侯晉等帥賊以入，晨攻執政

〔一〕「賂」，傅山全書初版本脫，據手稿補。

〔二〕「三」，手稿爲「四」，據十三經注疏改。

〔三〕「子」字上，傅山全書初版本衍一「之」字，據手稿删。

西宮之朝，殺子駟等。侯晉奔晉。

襄廿八年。春，無冰。梓慎曰：「今茲宋、鄭其饑乎！歲在星紀，而淫于玄枵。以有時菑、陰不堪陽。蛇乘龍，龍，宋、鄭之星也。宋、鄭必饑。玄枵，虛中也，枵，耗名也。土虛而民耗，不饑何爲？」

昭七年。公將往楚，夢襄公祖。梓慎曰：「君不果行。襄公之適楚也，夢周公祖而行。今襄公實祖，君其不行。」

昭十五年。春，將禘于武宮，戒百官。梓慎曰：「禘之日其有咎乎！吾見赤黑之祲，非祭祥也，喪氛也。其在涖事乎！」二月癸酉，禘。叔弓涖事，而卒。

昭十七年。冬，有星孛于大辰。梓慎曰：「往年吾見之，是其徵也。火出而見，今茲火出而章，必火入而伏，其居火也久矣，其與不然乎？火出，于夏爲三月，于商爲四月，于周爲五月。夏數得天，〔一〕若火作，其四國當之，在宋、衛、陳、鄭乎！宋，大辰之虛也；陳，大皞之虛也；鄭，祝融之虛也，皆火房也。星孛及漢，〔二〕漢，水祥也。衛，顓頊之虛也，故爲帝丘，其星爲大水，水，火之牡也。其以丙子壬午作乎！水火所以合也。若火入而伏，〔三〕必以壬午，不過其見之月。」

昭十八年。五月，火始昏見。丙子，風。梓慎曰：「是謂融風，火之始也；七日，其

## 755 梓慎

〔一〕自昭十五年「有咎乎」至「夏數得」，手稿已殘缺。

〔二〕自「鄭」至「及」十二字，手稿已殘缺。

〔三〕「也若」二字，手稿已殘缺。

火作乎！」戊寅，風甚。壬午，大甚。宋、衛、陳、鄭皆火。梓慎登大庭之庫以望之，〔二〕曰：「宋、衛、陳、鄭也。」數日皆來告火。

昭二十年。春壬二月己丑，日南至。梓慎望氛，曰：「今茲宋有亂，國幾亡，三年而後弭。蔡有大喪。」注：是歲朔旦冬至之歲也，當言正月己丑朔，日南至。時史失閏，閏更在二月後，故經因史而書正月，傳更具于二月記南至日，以正歷也。

昭廿一年。七月壬午朔，日有食之。公問于梓慎曰：「是何物也？禍福何爲？」對曰：「二至二分，日有食之，不爲災。日月之行也，分，同道也；至，相過也。其他月則爲災，陽不克也，故常爲水。」

昭廿四年。五月乙未朔，日有食之。梓慎曰：「將水。」昭子曰：「旱也。」

756 褚師印

公孫黑之子也。

昭二年。黑請以印爲褚師。子產曰：「印也，若才，君將任之；不才，將朝夕從女。女罪之不恤，而又何請焉？」

757 公子慭

郈子仲。

昭十二年。十月，公子慭出奔齊。傳：公子慭如晉。季平子立，而不禮于南蒯。南蒯謂子仲曰：「吾出季氏，而歸其室于公，子更其位」云云。慭告公，而從公如晉。南蒯以費叛。子仲還，及衛，聞亂，逃介而先。及郊，聞費叛，遂奔齊。

昭廿七年。冬，公如齊，子仲之子曰重，爲齊侯夫人，曰：「請使重見。」子家子乃以

〔二〕「大庭」下，傅山全書初版本衍一「氏」字，據手稿删。

758 韓簡子不 卽伯音也。見「音」下。
君出。

信

759 欒 溷 定六年。〔二〕欒祁子也。
定六年。欒祁言于景公曰：「諸侯唯我事晉，今使不往，晉其憾矣。」告其宰陳寅。陳寅曰：「子立後而行，吾室亦不亡，唯君亦以我爲知難而行。」見溷而行。

760 公子慭 定八年。范獻子私謂欒祁曰：「寡君懼不得事宋君，是以止子。子姑使溷代子。」子梁以告陳寅。寅曰：「宋將叛晉，是棄溷也，不如待之。」
哀十一年。初，晉悼公子慭亡在衞，使其女僕而田，大叔懿子止而飲之酒，遂聘之，生悼子。

761 顔 晉 哀廿七年。陳成子屬孤子三日朝。設乘車兩馬，系吾邑焉。召顔涿聚之子晉曰：「隰之役，而父死焉。今君命汝以是邑也，服車而朝，毋廢前勞！」

## 九翰〔三〕

762 斟 灌 襄四年。哀元年。

763 共叔段 隱元年。鄭武公武姜生莊公及共叔段。愛共叔，欲立之。及莊公卽位，爲之請制。公

〔二〕「定六年」三字，傅山全書初版本脱，據手稿補。
〔三〕「九」字，手稿無，爲編者所加。

曰：「制，巖邑也。」請京，使居之，謂之京城大叔。既而大叔命西鄙、北鄙貳於己。又收貳以爲己邑，至于廩延。大叔完聚，繕甲兵，具卒乘，將襲鄭，夫人將啟之。公命子封帥車二百乘伐京。京叛大叔段。段入於鄢。公伐諸鄢。五月辛丑，大叔出奔共。書曰：「鄭伯克段于鄢。」

764 鱗　矔

文七年。宋鱗矔爲司徒。注：桓公孫也。

文十六年。鱗矔爲司徒。

765 衞獻公衎

成十四年。衞定公使孔成子、寧惠子立敬姒之子衎以爲太子。定姜見太子之不哀也。

襄十四年。四月己未，衎出奔齊。傳：齊人以郲寄衞侯。及其復也，以郲糧歸。注：言其貪也。

襄廿六年。二月甲午，衎復歸于衞。書曰：「復歸。」國納之也。大夫逆於竟者，執其手而與之言；道逆者，自車揖之；逆於門者，頷之而已。六月，會于澶淵。晉人執衞侯而囚之於士弱氏。國弱私使晏平仲私于叔向云云。〔一〕晉侯許歸衞侯。

襄廿九年。五月庚午，衞侯衎卒。無傳。四同盟。正義曰：衎以成十五年即位，其年盟于戚，十七年于柯陵，十八年于虛朾，襄三年于雞澤，五年于戚，〔二〕七年及孫林父盟，九年于戲，十一年亳城北，〔三〕廿七年於宋。衎自即位及後復歸，凡與魯九同盟。

〔一〕「私」，傅山全書初版本脫，據手稿補。
〔二〕「戚」，手稿誤作「七」，據十三經注疏改。
〔三〕「十一」，手稿爲「十」，據十三經注疏改。

劉炫以爲杜云四同盟者誤。今知不然者，以其與成公三盟不數；五年盟戚，經不書，不數；七年林父是大夫，又特共魯盟，亦不數，故爲四。劉不尋此理而規杜過，非也。九月葬。無傳。

766 宋褚師段

襄廿年。冬，季武子如宋，報向戌之聘。褚師段逆之以受享。注：褚師段，共公子子石也。以下四段皆以石爲字，三子石、一伯石。

767 鄭黑肱之子段

襄廿二年。黑肱有疾，召室老、宗人立段。注：段，子石也。

768 陳孔奐

襄廿七年。夏，孔奐會于宋。七月庚辰，陳孔奐至。

昭八年。十月，楚殺陳孔奐，無傳。注：公子，招之黨也。

769 印子石段

子印之子

襄廿七年。鄭伯享趙孟于垂隴。印段賦蟋蟀。趙孟曰：「保家之主也！」又謂叔向曰：「印氏其次也，樂而不荒。樂以安民，不淫以使之，後亡，不亦可乎！」

襄廿九年。葬靈王，鄭上卿有事。子展使印段往。伯有曰：「弱，不可。」子展曰：「與其莫往，弱，不猶愈乎」云云。遂使印段如周。

襄卅年。子產斂伯有氏之死者而殯之，不及謀而遂行。印段從之。子皮止之。壬寅，子產入。癸卯，子石入。

襄卅一年。子皮使印段如楚，以適晉告，禮也。衛襄公如楚。過鄭，印段廷勞于棐林，如聘禮而以勞辭。

昭元年。〔二〕六月，印段等私盟于閨門之外。

昭二年。十一月，印段如晉弔。

昭卅年。子大叔曰：「靈王之喪，我先大夫印段實往，敝邑之少卿也。」

## 770 公孫段

子豐之子，伯有也。

襄廿七年。鄭伯享趙孟于垂隴。公孫段賦桑扈。趙孟曰：「『匪交匪敖』，福將焉往？」

襄廿九年。公孫段會城杞。注：伯石也。三十年，伯有死，乃命爲卿，今蓋以攝卿行。六月，會城杞，子大叔與伯石往。

襄卅年。子產爲政，有事伯石，賂與之邑。子大叔曰：「國皆其國也，奚獨賂焉？」子產曰：「無欲實難」云云。既伯石懼而歸邑，卒與之。伯有既死，使太史命伯石爲卿，辭，太史退，則請命焉。復命之，又辭。如是三，乃受策入拜。子產是以惡其爲人也，使次己位。

昭元年。春，楚公子圍聘鄭，且取于公孫段氏。鄭爲游楚亂故，六月丁巳，〔三〕鄭伯及其大夫盟于公孫段氏。

昭三年。四月，鄭伯如晉，公孫段相，甚敬而卑，禮無違者。晉侯嘉焉，授之以策，曰：「子豐有勞于晉國，余聞而弗忘。賜汝州田，以胙乃舊勳。」伯石再拜稽首，受策

---

〔二〕自襄廿九年「愈乎云云」至此，手稿已殘缺。

〔三〕「丁巳」，手稿爲「巳丁」，據十三經注疏改。

以出。
昭七年。鑄刑書之歲二月，或夢伯有介而行，曰：「明年壬寅，余又將殺段也。」齊、燕平之月，壬寅，公孫段卒。

771 召伯莊公
昭廿二年。王子還與召莊公謀，曰：「不殺單旗，不捷」云云。

奐
昭廿三年。六月己丑，召伯奐、南宮極以成周人戍尹。注：周卿士，子朝黨也。

772 胥 犴
昭廿四年。越大夫胥犴勞楚王于豫章之汭。

773 陳 瓘
齊人。〔二〕哀十一年。郊之戰。陳瓘、陳莊涉泗。
哀十五年。秋，陳瓘如楚，過衞，仲由見之，曰：「天或者以陳氏爲斧斤，既斲喪公室，而他人有之，不可知也」云云。子玉曰：「然。吾受命矣，子使告我弟。」注：弟，謂成子也。
哀十七年。趙鞅圍衞。齊國觀、陳瓘救衞，得晉人之致師者。子玉使服而見之，曰：「國子實執齊柄，而命瓘曰『無辟晉師』，豈敢廢命？子又何辱？」

五段。〔三〕

〔二〕「齊人」二字，傅山全書初版本脱，據手稿補。
〔三〕「五段」二字，傅山全書初版本脱，據手稿補。

## 十諫〔一〕

774 韓　萬　桓三年。春，曲沃武公伐翼，韓萬御戎，梁泓爲右。

775 芮　伯　萬　桓三年。冬，芮伯萬之母芮姜惡芮伯萬之多内寵人，故逐之，出居于魏。四年。秋，秦師侵芮，敗焉，小之也。冬，王使秦師圍魏，執芮伯以歸。桓十年。秋，秦人納芮伯萬于芮。

776 鄭　鄧　曼　見寒韻。

777 楚　鄧　曼　見寒韻。

778 南公長萬　莊十一年。乘丘之役，公以金僕姑射南公長萬，公右歂孫生搏之。宋人請之。宋公靳之，曰：「始吾敬子；今子，魯囚也，吾弗敬子矣。」病之。莊十二年。秋，宋萬弑閔公于蒙澤。遇仇牧于門，批而殺之。遇太宰督于東宫之西，又殺之。立子游。十月，蕭叔大心等立桓公御說。南公萬奔陳，以乘車輦其母，一日而至。宋人請南公萬于陳，以賂。陳人使婦人飲之酒，而以犀革裹之。比及宋，手足皆見。宋人醢之。

779 畢　萬　閔元年。晉爲二軍。趙夙御戎，畢萬爲右。注：畢萬，魏犨祖父也。魏世家：畢萬生武子。世本，畢萬生芒季，季生武仲州。州卽犨。杜注依世本也。滅魏。賜畢萬。卜偃曰：「畢萬之後必大，萬，盈數也」云云。初，畢萬筮仕于晉，遇屯之比。辛廖

〔一〕「十」字，手稿無，爲編者所加。

780 原伯貫　占之，曰：「吉。屯固、比入，吉孰焉」云云。僖廿五年。冬，晉侯圍原，命三日之糧。原不降，命去之。諜出，曰：「原將降矣」云云。退一舍而原降。遷原伯貫于冀，趙衰爲原大夫。

四萬　一貫〔二〕

## 十一霰

781 叔獻　文十八年。高辛才子八元，叔獻。

782 屈建子木　襄廿二年。屈建爲莫敖。襄廿三年。慶氏以陳叛，屈建從陳侯圍陳。陳人城。襄廿五年。秋，薳子馮卒，屈建爲令尹。舒鳩人卒叛，令尹子木伐之，及離城，吳人救之。子木遽以右師先。楚薳掩爲司馬，子木使庀賦，數甲兵。薳掩書土、田云云。既成，以授子木，禮也。十二月。楚子以滅舒鳩賞子木。辭曰：「先大夫薳子之功也。」〔三〕以與薳掩。襄廿六年。聲子通使於晉，還如楚。令尹子木與主語，且曰：「晉大夫與楚孰賢」云云。聲子曰：「椒舉娶于申公子牟，子牟得戾而亡，君大夫謂椒舉：『女實遣之。』

〔二〕此四字，傅山全書初版本脫，據手稿補。
〔三〕「大夫」上，手稿衍一「大」字，據十三經注疏删。

懼而奔鄭」云云。子木懼，言諸王，益其禄爵而復之。

襄廿七年。夏，楚屈建會于宋。〔一〕六月丁卯，向戌從子木成言於楚。子謂向戌，請晉、楚之從交相見也。壬申，左師復言於子木，子木使馹謁諸王。王曰：「釋秦、齊，他國請相見也。」七月庚辰，子木至自陳。辛巳，將盟於宋西門之外。楚人衷甲。伯州犁固請釋甲，子木曰：「晉、楚無信久矣，事利而已，苟得志焉，焉用有信？」大宰退告人曰：「令尹將死矣，不及三年。求逞志而棄信，志將逞乎？志以發言，言以出信，信以立志。參以定之。信亡，何以及三？」七月壬午，宋公兼享晉、楚之大夫，趙孟爲客，子木與之言，弗能對。使叔向侍言焉，子木亦不能對也。乙酉，宋公及諸侯之大夫盟于蒙門之外。子木問趙孟曰：「范武子之德何如趙武」云云。〔二〕子木歸以語王。又語王曰：「宜晉之霸也，有叔向以佐其卿，楚無以當之，不可與爭。」

襄廿八年。楚屈建卒。

昭元年。會於虢。祁午謂趙文子曰：「子木之信稱於諸侯，猶詐晉而駕焉」云云。卽子木也。

## 783 楚建〔三〕

昭十九。楚子之在蔡也，郹陽封人之女奔之，生大子建。及卽位，任奢爲之師。費（以下缺）大城城父，而寘太子焉。以通北云云。王說，從之。故大子建居於城父。〔四〕

〔一〕「楚屈建」三字，傅山全書初版本脫，據手稿補。
〔二〕「何如」，傅山全書初版本誤作「如何」，據手稿改。
〔三〕「楚建」二字，手稿已殘缺。
〔四〕自「昭十九」至此，傅山全書初版本作「下闕」，據手稿補。

784 鍾建

昭二十年。費無極言于楚子曰：「建與伍奢將以方城之外叛」云云。王使奮揚殺太子。未至，而使遣之。三月，大子建奔宋。

昭二十年。華、向之亂，楚建出奔鄭。

昭廿六年。楚平王卒，子常曰：「太子壬弱，其母非適也，王子建實聘之。」

哀十六年。楚大子建之遇讒也，自城父奔宋。又辟華氏之亂於鄭，鄭人甚善之。又適晉，與晉人謀襲鄭，乃求復焉。鄭人復之如初。晉人使諜於子木，請行而期焉。子木暴虐於其私邑，邑人訴之。鄭人省之，得晉諜焉，遂殺子木。

定四年。王奔鄖。鍾建負季芈以從。

定五年，楚子入于郢。賞鍾建，將嫁季芈，季芈辭曰：「所以爲女子，遠丈夫也。鍾建負我矣。」以妻鍾建，以爲樂尹。

785 句踐

定十四年。吳伐越。越子句踐禦之，陳于檇李。句踐患吳之整也，使死士再禽焉，不動。使罪人三行，屬劍於頸，而辭云云。因而伐之，大敗之。

哀十七年。三月，越子伐吳。吳子禦之笠澤。越子爲左右句卒云云。吳師大亂，遂敗之。

三「建」皆楚。

## 十二嘯　十三效〔一〕

786 陳侯躍　桓十二年。八月壬辰，陳侯躍卒。無傳。注：厲公也。十一年，與魯大夫盟于折。不書葬，魯不會也。壬辰，七月二十三日。書于八月從赴。正義曰：躍爲厲公，世本文也。莊二十二年傳曰：〔二〕陳厲公，蔡出也，故蔡人殺五父而立之。五父即佗。六年，殺佗而厲公立也。又羊角切。

787 丕豹一〔三〕　丕鄭之子也。僖十年。郤芮殺平鄭。丕豹奔秦，言于秦伯曰：「晉侯背大主而忌小怨，民弗與也。伐之，必出。」公曰：「失衆，焉能殺？違禍，誰能出君？」注：謂豹避禍也。僖十三年。〔四〕丕豹在秦請伐晉。秦伯曰：「其君是惡，其民何罪？」秦于是乎輸粟于晉。

788 叔豹二〔五〕　文十八年。高辛才子八元，叔豹。

789 叔孫穆子　成十六年。七月，公會尹武公及諸侯伐鄭。子叔聲伯使叔孫豹請逆于晉師。爲食于鄭

---

〔一〕「十二」「十三」，手稿無，爲編者所加。

〔二〕「二十二」，手稿爲「二十三」，據十三經注疏改。

〔三〕「丕」字，手稿作「丕」，此據十三經注疏。「一」字，傅山全書初本脫，據手稿補。

〔四〕「三」，手稿爲「四」，據十三經注疏改。

〔五〕「二」，傅山全書初版本脫，據手稿補。

豹　三〔二〕

郊。師逆以至。注：叔孫豹，僑如弟也。僑如于是遂作亂，豹因奔齊。十二月，召叔孫豹於齊而立之。

襄二年。秋，叔孫豹如宋。注：豹于是始自齊還，爲卿。傳：穆叔聘于宋。通嗣君也。

襄三年。〔三〕秋，叔孫豹及諸侯之大夫及陳袁僑盟，陳請服也。

襄四年。夏，叔孫豹如晉，報知武子之聘也。晉侯享之，金奏肆夏之三，不拜。工歌文王之三，又不拜。歌鹿鳴之三，三拜。韓獻子使行人子員問之。對曰：「三夏，天子所以享元侯也，使臣弗敢與聞。文王，兩君相見之禮也，臣不敢及。鹿鳴，君所以嘉寡君也，敢不拜嘉？四牡，君所以勞使臣也，敢不重拜？皇皇者華，君教使臣曰：『必咨于周。』臣聞之：『訪問于善爲咨，咨親爲詢，咨禮爲度，咨事爲諏，咨難爲謀。』臣獲五善，敢不重拜？」

襄五年。夏，叔孫豹、鄫世子巫如晉。傳：穆叔覿鄫太子于晉，以成屬鄫。書曰：「叔孫豹」云云，言比諸魯大夫也。九月丙午，盟於戚，會吳，且命戍陳也。穆叔以屬鄫爲不利，使鄫大夫聽命於會。注：鄫近魯，故欲以爲屬國。既而與莒有忿，魯不能救，恐致譴責，故復乞還之。

襄六年。冬，穆叔如邾，聘，且修平。

---

〔二〕「三」，傅山全書初版本脫，據手稿補。

〔三〕「襄三年」，手稿無，據十三經注疏補。

襄七年。孫林父來聘，公登亦登。叔孫穆子相，趨進，曰：「諸侯之會，寡君未嘗後衛君。今吾子不後寡君，[二]寡君未知所過。吾子其少安！」孫子無辭，亦無悛容。穆叔曰：「孫子必亡。爲臣不君，過而不悛，亡之本也。詩曰：『退食（以下缺）易。故盟之。』」[三]

襄十四年。四月，叔孫豹會伐秦。及涇，不濟。叔向見叔孫穆子，穆子賦匏有苦葉。

襄十六年，齊高侯逃歸。于是叔孫豹盟曰：「同討不庭。」穆叔從公會晉荀偃。書曰「會鄭伯」，爲夷故也。注：夷，平也。冬，穆叔如晉聘，且言齊故。晉人曰：「以寡君之未禘祀，與民之未息，不然，不敢忘。」穆叔曰：「齊人朝夕釋憾於敝邑之地，是以大請」云云。見中行獻子，賦圻父。見范宣子，賦鴻鴈之卒章。

襄十九年。冬，齊及晉平，故穆叔會范宣子于柯。穆叔見叔向，賦載馳之四章。穆叔歸，曰：「齊猶未也，不可以不懼。」乃城武城。注：取控同于大邦，誰因誰極。

襄廿二年。臧武仲雨過御叔。御叔云云。穆叔聞之，曰：「不可使也。而傲使人，國之蠹也」令倍其賦。

襄廿三年。八月，叔孫豹帥師救晉，次于雍榆。禮也。

襄廿四年。穆叔如晉，范宣子曰「死而不朽」云云。穆叔曰：「此之謂世祿，非不朽也。魯有先大夫曰臧文仲，既没，其言立，其是之謂乎！太上有立德」云云。「若夫

---

[二]「君」字下，傅山全書初版本衍一「者」字，據手稿删。

[三]自「穆叔曰」至此，傅山全書初版本作「下闕」，據手稿補。

保姓受氏，以守宗祊，〔一〕世不絕祀，無國無之。」冬，叔孫豹如京師。傳：如周聘，且賀城。王嘉其有禮也，賜之大輅。

襄廿七年。夏，叔孫豹會晉趙武等於宋。慶封來聘，其車美。孟孫謂叔孫曰：「慶季之車，不亦美乎！」叔孫曰：「豹聞之『美服不稱，必以惡終。』美車何爲？」叔孫與慶封食，不敬，爲賦相鼠，亦不知也。〔二〕戊申，叔孫豹至宋。七月辛巳，將盟于宋西門之外。季武子使謂叔孫以公命「視邾、滕」。既而齊人請邾，宋人請滕，皆不與盟。叔孫曰：「邾、滕，人之私也；我，列國也，何故視之？宋、衛，吾匹也。」乃盟。故不書其族，言違命也。

襄廿八年。叔孫穆子食慶封，慶封汜祭。穆子不說，使工爲之誦茅鴟，慶封奔吳云云。子服惠伯謂穆子曰：天殆富淫人。」穆子曰：「善人富，謂之賞。淫人富，謂之殃。天其殃之也，其將聚而殲旃。」求崔杼之屍，將戮之，不得。叔孫穆子曰：「必得之。武王有亂臣十人，崔杼其有乎？不十人，不足以葬。」十二月，公過鄭。伯有往勞於黃崔，不敬。穆子曰：「伯有無戾于鄭，鄭必有大咎。敬，民之主也，而棄之，何以承守？鄭人不討，必受其辜。濟澤之阿，行潦之蘋藻，寘諸宗室。季蘭尸之，敬也。」公如楚。及漢，楚康王卒。公欲反。叔仲昭伯：〔三〕「我楚國之爲」云云。子服惠伯

---

〔一〕「守」字，手稿脫，據十三經注疏補。
〔二〕「不知也」三字，手稿已殘缺。
〔三〕「昭伯」下，傅山全書初版本衍一「曰」字，據手稿删。

曰：「不如姑歸也」云云。叔孫穆子曰：「叔仲子專之矣，子服子，始學者也。」

襄廿九年。公在楚。楚人使公親襚，公患之。穆子曰：「祓殯而襚，則布幣也。」乃使巫以桃、茢先祓殯。楚人弗禁，既而悔之。吴季子來聘，見叔孫穆子，穆說之。謂穆子曰：「子其不得死乎？好善而不能擇人。吾子爲魯宗卿，而任其大政。不愼舉，何以堪之？禍必及子！」

襄卅年。楚薳罷來聘。穆叔問王子之爲政何如。固問焉，不告。穆叔告大夫曰：「楚令尹將有大事，子蕩將與焉」云云。師曠曰：「叔孫莊叔敗狄于鹹，獲長狄僑如及虺也、豹也，而皆以名其子」云云。十月，叔孫豹會晉趙武等於澶淵。既而無歸于宋。

襄卅一年。正月，穆叔至自會，見孟孝伯，曰：「趙孟將死矣」云云。公作楚宫。穆叔曰：「大誓云：『民之所欲，天必從之。』君欲楚也夫，若不復適楚，必死是宫也。」九月，立公子禂。穆叔不欲，曰：「大子死，〔二〕有母弟，則立之；無，則立長。年鈞擇賢，義鈞則卜。非嫡嗣，何必娣之子？且是人也，居喪而不哀」云云。

昭元年。會趙武子于虢。公子圍設服離衛。叔孫曰：「楚公子美矣，君哉！」退會，子羽曰：「叔孫絞而婉。」季武子取鄆。楚告于晉，請戮其使。樂桓子相趙文子，〔三〕欲求貨於叔孫而爲之請，使請帶焉。弗與。曰：「諸侯之會，衛社稷也。我以貨免，魯

---

〔二〕「曰大子」三字，手稿已殘缺。

〔三〕「相趙文子」四字，手稿已殘缺。

必受師。是禍之也」云云。〔一〕「然鮒也賄，不興不已。」〔二〕召使者，裂裳帛而與之，曰：「帶其褊矣。」趙孟聞之，曰：「臨患不忘國，忠也。思難不越官，信也。圖國忘死，〔三〕貞也」云云。乃請諸楚免叔孫。四月，趙孟、叔孫豹、曹大夫入于鄭，鄭伯享之。趙孟賦瓠葉。子皮戒穆叔，且告之。穆叔曰：「趙孟欲一獻」云云。穆叔賦鵲巢，趙孟曰：「武不堪也。」又賦采蘩。叔孫歸，曾夭御季孫以勞之。旦及日中不出。曾阜謂趙孟曰：「可以出矣。」趙孟□□□「□□是，〔四〕其可去乎？」乃出見之。

昭三年。小邾穆公來朝。季武子欲卑之，穆叔曰：「不可。曹、滕二邾，實不忘我好。敬以逆之，猶懼其二，又卑一睦焉，逆羣好也」云云。季孫從之。

昭四年。初，穆子去叔孫氏，及庚宗，遇婦人，使私爲食而宿焉。問其行，〔五〕告之故，哭而送之。適齊，娶于國氏，生孟丙、仲壬。夢天壓己，弗勝云云。田于丘蕕，遂遇疾焉。十二月癸丑，叔孫不食，乙卯卒。

襄四年。浞因羿室，生澆及豷。使澆用師，滅斟灌及斟尋氏。處澆於過。少康滅澆于過。

哀元年。伍員曰：「昔有過澆殺斟灌以伐斟鄩，滅夏后相。后緡方娠，逃出自竇，歸

〔一〕「之也」二字，手稿已殘缺。
〔二〕「不」字，傅山全書初版本誤作「弗」，據手稿改。
〔三〕「圖國忘」三字，手稿已殘缺。
〔四〕自「曾阜」至此，傅山全書初版本誤作「曾夭謂曰：雖惡是」，據手稿改。
〔五〕「宿焉問其」四字，手稿已殘缺。

于有仍，生少康焉。爲仍牧正，惎澆能戒之。澆使椒求之。」

791 屈到　襄十五年。楚屈到爲莫敖。注：屈到，屈蕩子也。

792 斐豹四〔一〕　襄廿三年。初，斐豹，隸也，著于丹書。欒氏之力臣曰督戎，國人懼之。斐豹謂宣子曰：「苟焚丹書，我殺督戎。」宣子喜曰：「而殺之，所不請于君焚丹書者，有如日。」乃出豹而閉之。督戎從之，踰隱而待之。督戎踰入，豹自後擊而殺之。

793 裨竈　襄廿八年。裨竈曰：「今茲周王及楚子皆將死。歲棄其次，而旅于明年之次，以害鳥帑，周、楚惡之。」

襄卅年。傳：子蟜之卒也，將葬，公孫揮與裨竈晨會事焉。過伯有氏，其門上生莠。子羽曰：「其莠猶在乎？」於是歲在降婁云云。裨竈指之曰：「猶可以終歲，歲不及此次也已。」及其亡也，歲在娵訾之口。

昭九年。四月，陳災。裨竈曰：「五年陳將復封，封五十二年而遂亡。」子產問其故。對曰：「陳，水屬也；火，水妃也。而楚所相也。今火出而火陳，逐楚而建陳也。妃以五成，故曰五年。歲及鶉火，而後陳卒亡，楚克有之，天之道也，〔二〕故曰五十二年。」

昭十年。正月，有星出于婺女。裨竈言于子產曰：「七月戊子，晉君將死。今茲歲在顓頊之虛，姜氏、任氏，實守其地，居其維首，而有妖星焉，告邑姜也。邑姜，晉

〔一〕「四」字，傅山全書初版本脫，據手稿補。

〔二〕「之」，傅山全書初版本誤作「下」，據手稿改。

之妣也。天以七紀，戊子逢公以登，星斯于是乎出，吾是以譏之。」
昭十七年。冬，星孛于大辰。裨竈言于子產曰：「宋、衛、陳、鄭將同日火。若我用瓘、斝、玉瓚，鄭必不火。」子產弗與。
昭十八年。五月，宋、衛、陳、鄭皆火。裨竈曰：「不用吾言，鄭又將火。」子產不可。亦不復火。

794 齊公孫竈 卽子雅也，見「雅」下。四竈〔一〕

795 省　竈 襄卅一年。省竈等奔莒。注：閭立嬰之黨也。

796 樂　豹〔二〕 昭三年。初，州縣，欒豹之邑也。及欒氏亡，范宣子、趙文子、韓宣子皆欲之。

797 司馬竈〔三〕 昭三年。冬，公孫竈卒。司馬竈見晏子曰：「又喪子雅矣。」
昭廿二年。齊侯伐莒，莒子行成。司馬竈如莒涖盟。

798 齊豹六〔四〕 昭二十年。衛公孟縶狎齊豹，奪之司寇與鄄。有役則反之，無則取之。故齊豹等作亂。三月丙辰，公孟有事于蓋獲之門外，齊子氏帷于門外，而伏甲焉。使祝鼃寘戈於車薪以當門，使一乘從公孟以出，使華齊御公孟。及閎中，齊氏用戈擊公孟，宗魯以背蔽之，斷肱，以中公孟之肩，〔五〕皆殺之。

〔一〕此二字，傅山全書初版本脫，據手稿補。
〔二〕此二字，手稿已殘缺。
〔三〕「馬」字，手稿已殘缺。
〔四〕「六」與以下的「七」「八」，傅山全書初版本脫，據手稿補。
〔五〕「孟」字，手稿已殘缺。

799 華　豹七　昭卅一年。君子曰：「齊豹爲衛守嗣大夫，作而不義，其書爲『盜』。」

昭廿一年。赭丘之戰。干犨御呂封人華豹，張匄爲右。相遇，公子城還。豹曰：「城也。」城怒，而反之。將注，豹則關矣。曰：「平公之靈，尚輔相余！」豹射，出其間。將注，則又關矣。曰：「不狎，鄙。」抽矢，城射之，殪。

800 胡子豹八　定十五年。二月辛丑，楚子滅胡，以胡子豹歸。傳：吳之入楚也，胡子盡俘楚邑之近胡者。楚既定，胡子豹又不事楚。曰：「存亡有命，事楚何爲？多取費焉。」二月，楚滅胡。

## 十七漾〔二〕

801 叔　向　卽肸也，見「肸」下。

802 鬬勃子上　僖廿八年。見「勃」下。

803 公子蕩　六桓之一。〔三〕

文七年。宋公子蕩爲司城。注：桓公子也。

文十六年。初，司城蕩卒。公孫壽辭司城。

804 屈　蕩　宣十二年。邲之戰，彭名御左廣，屈蕩爲右。王見右廣，將從之乘。屈蕩戶之，曰：「君以此始，亦必以終。」自是楚之乘廣先左。

〔二〕「十七」，手稿無，爲編者所加。

〔三〕此四字，傅山全書初版本脫，據手稿補。

805 寧　相

襄十五年，有屈蕩爲連尹，二十五年爲莫敖。注：楚有屈蕩，爲左廣之右。世本：屈蕩是屈建之祖父。今此屈蕩與之同姓名。

寧俞之子也。

成二年。衞侯使寧相等侵齊。

成六年。〔一〕三月，晉伯宗、寧相等侵宋，以其辭會也。師于鍼。〔二〕

806 楚子蕩

成七年。子重等殺巫臣之族子閻、子蕩，使沈尹與王子罷分子蕩之室。

807 宋子蕩

卽樂轡也，見襄六年「轡」下。

808 呂　相

魏錡子也。

成十三年。晉侯使呂相絕秦。

809 魏　相

成十八年。晉悼公卽位，使魏相爲卿。注：相，〔三〕魏錡子也。同時有魏頡爲卿，顆之子也。漢相同姓名。

810 魏莊子絳

犨之子也。

成十八年。晉悼公卽位，魏絳爲司馬。

襄三年。晉侯之弟揚干亂行于曲梁，魏絳戮其僕。晉侯怒，羊舌赤曰：「絳無貳志」云云。言終，魏絳至，授僕人書，將伏劍。士魴、張老止之。公讀其書，曰：「日君

---

〔一〕「六」，手稿爲「二」，據十三經注疏改。

〔二〕「師于鍼」三字，傅山全書初版本脫，據手稿補。

〔三〕「相」字，傅山全書初版本脫，據手稿補。

乏使，使臣斯司馬。臣聞師衆以順爲武，軍事有死無犯爲敬」云云，「請歸死于司寇。」〔一〕公跣而出，曰：「寡人之言，親愛也；吾子之討，軍禮也」云云。反役，與之禮食，使佐新軍。

襄四年。無終子嘉父使孟樂因魏莊子納虎豹之皮，以請和諸戎。曰：「和戎有五利焉：戎狄薦居，貴貨易土，土可賈焉，一也。邊鄙不聳，民狎其野，穡人成功，二也。戎狄事晉，四鄰振動，諸侯懷威，三也。以德綏戎，師徒不勤，甲兵不頓，四也。鑒于后羿，而用德度，遠至邇安，五也。」公説，使魏絳盟諸戎。修民事，田以時。

襄九年。楚子囊曰：「魏絳多功，以趙武爲賢，而爲之佐。」十月，諸侯伐鄭。庚午，杞人、郳人從趙武、魏絳斬行栗（以下缺）。

襄十年。諸侯之師城虎牢而戍之，〔二〕晉師城梧及制，士魴、魏絳戍之。書曰「戍鄭虎牢」，非鄭地也，言將歸焉。

襄十一年。鄭人賂晉侯歌鐘二肆，〔三〕及其鎛、磬，〔四〕女樂二八。晉侯以樂之半賜魏絳，曰：「子教寡人和諸戎以正諸華，〔五〕八年之中，九合諸侯，〔六〕如樂之和，無所不諧，請

---

〔一〕此句六字，手稿作「請歸于司敗」，據十三經注疏改。
〔二〕「襄十年諸侯之」六字，手稿已殘缺。
〔三〕自「十一年」至「晉侯」，手稿已殘缺。
〔四〕「鍾」，十三經注疏作「鎛」。
〔五〕「戎」字下，傅山全書初版本曾依十三經注疏增「狄」字而未加注，此據手稿删。
〔六〕「九合諸侯」四字，手稿已殘缺。

與子樂之。」辭曰：「夫和戎，國之福也」云云，「抑臣願君安其樂而思共終也」云云。魏絳于是始有金石之樂，禮也。
襄十三年。荀于綿上以治兵，欒黶將下軍，魏絳佐之。
襄十四年。會伐秦，至于棫林，不獲成。欒黶曰：「余馬首欲東。」下軍從之。左史謂魏莊子曰：「不待中行伯乎？」魏絳曰：「夫子命從帥，欒伯，吾帥也，吾將從之。」
襄十八年。諸侯伐齊。十一月乙酉，魏絳、欒盈以下軍克邿。
襄廿三年。四月，欒盈帥曲沃之甲，因魏莊子，以晝入絳。

811 師曠

襄十四年。師曠侍于晉侯。晉侯曰：「衛人出其君，不亦甚乎？」對曰：「或者其君實甚」云云。
襄十八年。齊師夜遁。師曠告晉侯曰，「烏烏之聲樂，齊師其遁。」冬，晉人聞有楚師，師曠曰：「不害。吾驟歌北風，又歌南風，南風不競，多死聲。楚必無功。」
襄廿六年。叔向拂衣從子員，平公曰：「晉其庶乎！吾臣之所爭者大。」師曠曰：「公室懼卑。臣心不競而力爭，不務德而爭善，私欲已耻，能無卑乎！」
襄卅年。絳縣老人云云。吏走問諸朝，師曠曰：「魯叔仲惠伯會郤成子于承匡之歲也。」季武子曰：「晉未可媮也，有史趙、師曠而咨度焉」云云。
昭八年。春，石言于魏榆。師曠曰：「石不能言，或馮焉。不然，民聽濫也。又聞之，作事不時，怨讟動于民，則有非言之物而言。」

812 屈蕩

襄十五年。楚屈蕩爲連尹。
襄廿五年。屈蕩爲莫敖。注：代屈建。注：邲之役，有屈蕩爲左廣之右，今此屈蕩與之同姓名。

813 子　蕩〔一〕　即蔿罷也，見「罷」下。

814 駟帶子上　見「帶」下。

815 左史倚相　昭十二年。楚子次乾谿。左史倚相趨過，王曰：「是能讀三墳、五典、八索、九丘。」子革曰：「臣嘗問焉，昔穆王欲肆其心，周行天下，將皆必有車轍馬跡焉。祭公謀父作祈招之詩以止王心。臣問其詩而不知也。若問遠焉，其焉能知之？」

816 子　上　昭十八年。子產使子寬、子上巡羣屏攝。注：駟帶，字子上，六年死矣。此別有子上，非駟帶也。

817 伍　尚　昭二十年。棠君伍尚謂其弟員曰：「爾適吳，我將歸死。吾知不逮，我能死，爾能報」云云。「爾其勉之！相從爲愈。」伍尚歸，楚君殺之。

818 石　尚　定十四年。秋，天王使石尚來歸脤。

819 夏后相　哀元年。伍員曰：「澆滅夏后相。」注：夏后相，啓之孫也。〔二〕正義曰：夏本紀：禹生啓，啓生太康。太康崩，弟仲康立。仲康崩，子相立。是相爲仲康之子，啓之孫也。

820 衛　匠　哀十七年。衛公瞶使匠久。石圃因匠氏攻公。

821 三　匠　哀廿五年。〔三〕衛輒使三匠久云云。

822 張　孟　昭三年。傳：子大叔答張趯曰：「且孟曰『而將無事』。」是稱趯爲孟也。

〔一〕「子」字上，傅山全書初版本尚有一「葛」字，據手稿删。
〔二〕「之」字，傅山全書初版本脫，據手稿補。
〔三〕「五」，手稿爲「四」，據十三經注疏改。

# 附：春秋人名韻索引

張靜　編

編者案：本索引以四角號碼檢字法排列，以人名第一字爲準。人名後面的數字是春秋人名韻的卷數/人名編號。最後附有筆畫索引。

---

$9990_4$

# 筆畫索引

## 二畫



## 三畫



## 四畫



## 五畫



## 六畫



## 七畫

䢵 1772$_7$
步 2120$_1$
何 2122$_0$
伯 2620$_0$
吳 2680$_4$
免 2721$_6$
良 3073$_2$
宋 3090$_4$
汪 3111$_4$
冶 3316$_0$
沈 3411$_2$
冷 3813$_2$
李 4040$_7$
狂 4121$_4$
龙 4301$_4$
芮 4422$_7$
杜 4491$_0$
杞 4791$_7$
呂 6060$_0$
阮 7021$_7$

## 八畫

弦 1023$_2$
武 1314$_0$
孟 1710$_7$
邴 1722$_7$
委 2040$_4$
季 2040$_7$
卓 2140$_6$
和 2690$_0$
叔 2794$_0$
宛 3021$_2$
定 3080$_1$
宗 3090$_1$
祁 3722$_7$
狐 4223$_0$
析 4292$_1$
范 4411$_2$
茅 4422$_2$
英 4480$_5$
東 5090$_6$
畀 6022$_1$
固 6060$_4$
長 7173$_2$
周 7722$_0$
屈 7727$_2$
金 8010$_9$
知 8680$_0$

## 九畫

哀 0073$_2$
施 0821$_2$
胥 1722$_7$
重 2010$_5$
衎 2122$_1$
貞 2180$_6$
皇 2610$_4$
泉 2690$_2$
侯 2728$_4$
急 2733$_7$
紀 2791$_7$
郗 2792$_7$
洩 3510$_6$
南 4022$_7$
姚 4241$_3$
封 4410$_0$
荀 4462$_7$
相 4690$_0$
胡 4762$_0$
軌 5401$_7$
昧 6509$_0$
昭 6706$_2$
郈 7722$_7$
段 7744$_7$
姜 8040$_4$
省 9060$_2$

## 十畫

高 0022$_7$
唐 0026$_7$
夏 1024$_7$
晉 1060$_1$
烈 1233$_0$
孫 1249$_3$
耿 1918$_0$
師 2172$_7$
倚 2422$_1$
徒 2428$_1$
郜 2762$_7$
徐 2829$_4$

## 十一畫



## 十二畫



## 十三畫

詹 27261
遂 38303
蒯 42200
載 43550
蓋 44102
蒲 44127
斟 44700
楚 44801
頓 51786
路 67164
隗 76213
慈 80333

## 十四畫

齊 00223
鄢 17327
熊 21331
僕 22285
臧 23250
寢 30247
賓 30806
漚 31116
禪 36240
嘉 40461
壽 40641
蔡 44901
趙 49802
養 80732
管 88777
箕 88801

榮 99904

## 十五畫

慶 00247
鄧 17127
慮 21236
號 21317
樂 22904
稻 22977
儋 27261
魯 27603
儀 28253
寫 30227
潘 32169
澆 34112
褚 34260
嫣 42427
蕩 44127
蔦 44227
劉 72100
駟 76300
豎 77108
滕 79232
頜 81686
鄭 87827
鄫 87627
箴 88253
餘 88794

## 十六畫

嬴 00217
盧 21212
衛 21221
縉 21961
穆 26922
鮑 27312
蕭 44227
燕 44331
薛 44741
賴 57986
嬖 70404
隨 74232
錫 86127

## 十七畫

襄 00732
麋 00904
優 21247
戴 43850
薳 44303
聲 47401
轅 54032
嬰 66404
隱 72237
鍾 82115
鍼 83150
燭 96827
燬 97847
燮 99407

## 十八畫

顏 01286

顓 $2128_6$
豐 $2210_8$
魏 $2641_3$
鄺 $2722_7$
禮 $3521_8$
藍 $4410_2$
蘧 $4413_6$
韓 $4445_6$
檮 $4494_1$
醫 $7760_1$
簡 $8822_7$

## 十九畫

譚 $0164_6$
豷 $1421_8$
蘇 $4439_4$

## 二十畫

羸 $0021_7$
闞 $7744_8$
夔 $8040_7$
籍 $8896_1$

## 二十一畫

露 $1016_4$
纍 $6090_3$
囂 $6666_8$
鐸 $8614_1$
黨 $9033_1$

## 二十二畫

鬻 $1722_7$
懿 $4713_8$
囊 $5073_2$
鑄 $8414_1$
糴 $8791_5$

## 二十三畫

欒 $2290_4$
鱗 $2935_9$

## 二十四畫

觀 $4621_2$
鬭 $7712_1$

## 二十六畫

釁 $7722_7$